2026

월별로 확인하는 2026년 통합 업무 캘린더

인사·노무·세무 업무 캘린더 북

“이번 달, 뭐 해야 하지?”

매달 검색하던 HR·노무·세무 일정,
이제 책으로 확인하세요

2026년 한 해,
HR실무자가 반드시 챙겨야 할 인사·노무·세무 업무를
월별로 한눈에 정리한 실무형 캘린더 북

중앙경제 노무법인 미담 MIDAM 택스홈

2026년

인사·노무·세무 업무 캘린더 북

초판인쇄 2026년 2월 3일
초판발행 2026년 2월 12일

펴낸이 김남진
펴낸곳 (주) 중앙경제

디자인 이지훈, 최가영, 가보영
마케팅 신석재, 김성울, 이소영, 윤지희
경영지원 이상훈, 박세라, 조용환

출판등록 80.6.21 제2-66호
주소 서울시 중구 다산로11길 19(신당동 355-8) 백석빌딩 신관 4층
전화 02)2231-7293
팩스 02)2235-5344
홈페이지 www.elabor.co.kr

ISBN 978-89-7017-580-5 (13320)
정가 20,000원

2026

월별로 확인하는 2026년 통합 업무 캘린더

인사·노무·세무 업무 캘린더 북

차례

2026년 달라지는 노동관계 법령 및 노무관리 유의사항

Ⅰ. 달라지는 노동관계법령

1. 2026년 최저임금 인상(시행 : 2026.1.1.) 15
2. 4대보험료율 변경(시행 : 2026.1.1.) 17
3. 보육수당 비과세 기준 확대(시행 : 2026.1.1.) 19
4. 노란봉투법 시행(시행 : 2026.3.10.) 20
5. 근로자의 날 명칭 변경(시행 : 2025.11.11.) 27
6. 임금채권보장기금 부담금 비율 인상(시행 : 2026.1.1.) 27

Ⅱ. 고용노동부 지원금 변경(시행 : 2026.1.1.)

1. 청년일자리도약장려금 비수도권 확대 28
2. 정규직 전환지원금 재개 29
3. 고령자계속고용장려금 비수도권 확대 29
4. 장애인고용개선장려금 신설 30
5. 일 가정 양립지원 제도 확대(시행 : 2026.1월) 31

2026년 월별 노무 / 세무 주요 업무

1월 노무/세무 주요 업무

Ⅰ. 연차수당 정산, 장애인 고용계획서 등 제출, 최저임금 체크

1. 최저임금 체크 37
2. 연차수당 정산 42
3. 장애인 고용계획서 등 제출 47

Ⅱ. 세무관리 주요 업무

1. 2026년 달라지는 세법 주요 내용 53
2. 원천세 신고납부(매월 10일) 63
3. 종업원분 주민세 신고납부(매월 10일) 64
4. 사업소득 · 기타소득 간이지급명세서 제출(매월 31일) 66
5. 2025년 2기 부가가치세 확정신고 납부(1월 25일) 66
6. 근로소득 간이지급명세서 제출(1월 31일) 68

2월 노무/세무 주요 업무

Ⅰ. 노란봉투법 시행 대비

1. 노란봉투법 주요 내용 71
2. 기업에 미치는 영향 72
3. 기업 대응방안 74

Ⅱ. 세무관리 주요 업무

1. 2025년 귀속 부가가치세 면세사업자 사업장현황신고(10일) 82

2. 지급명세서(이자 · 배당 · 기타소득) 제출(28일) 83

3월 노무/세무 주요 업무

Ⅰ. 고용산재보험 건강보험 보수총액 신고

1. 고용 · 산재보험 보수총액 신고 87

2. 건강보험 보수총액 신고 91

3. 보수총액 신고 관련 Q&A 92

Ⅱ. 세무관리 주요 업무

1. 지급명세서(근로 · 퇴직 · 사업소득) 제출(10일) 95

2. 12월말 결산법인 법인세 신고납부(31일) 96

4월 노무/세무 주요 업무

Ⅰ. 근로계약서 및 연봉계약서 갱신, 고용형태 현황 공시

1. 근로계약서 및 연봉계약서 갱신 101

2. 고용형태 공시제도의 주요 내용 107

Ⅱ. 세무관리 주요 업무

1. 2026년 1기예정 부가가치세 예정신고 납부(25일) 112

5월 노무/세무 주요 업무

Ⅰ. 노동절 노무관리 유의사항

1. 노동절과 임금 118

2. 노동절과 다른 휴일과의 관계 122

3. '노동절'로의 명칭 변경에 따른 취업규칙 변경 124

Ⅱ. 세무관리 주요 업무

1. 2025년 귀속 종합소득세 확정신고 납부(31일) 126

2. 2025년 귀속 양도소득세 확정신고 납부(31일) 129

6월 노무/세무 주요 업무

Ⅰ. 노사협의회 진행상황 중간 점검

1. 노사협의회 설치 의무 사업장 133

2. 노사협의회 관련 필수적으로 준수해야 하는 사항 134

3. 기타 노사협의회 관련 주요 판례 및 행정해석 138

Ⅱ. 세무관리 주요 업무

1. 원천세 반기별 납부 신청기한(30일) 141

2. 2025년 귀속 성실신고확인대상 사업자
종합소득세 확정신고 납부(30일) 141

7월 노무/세무 주요 업무

Ⅰ. 연차휴가 사용촉진조치 1차 실시

1. 연차휴가 사용촉진제도 운영 원리 145
2. 도입방법 146
3. 연차휴가 사용 촉진 범위 147
4. 미사용 연차휴가일수 통보 및 휴가사용계획서의 제출(1차 촉진) 시기 149
5. 연차휴가 사용촉진 조치 방법 : 서면 원칙 151
6. 연차휴가 사용 촉진 관련 Q&A 152

Ⅱ. 세무관리 주요 업무

1. 2026.1기 부가가치세 확정신고 납부(25일) 154
2. 근로소득 간이지급명세서 제출(31일) 156

8월 노무/세무 주요 업무

Ⅰ. 여름휴가와 노무관리

1. 여름휴가 법적 성질 159
2. 여름휴가 부여방법 160
3. 여름휴가 운영방법 161
4. 여름휴가비 관련 이슈 163

Ⅱ. 세무관리 주요 업무

1. 12월말 결산법인 법인세 중간예납(31일) 167

9월 노무/세무 주요 업무

Ⅰ. 채용시즌, 주목해야 할 채용절차법

1. 채용절차법 주요 내용 : 과태료 부과 대상 173

2. 기타 유의사항 178

Ⅱ. 세무관리 주요 업무

1. 2026년 귀속분 주택분 종합부동산세 합산배제 및 과세특례 신고 · 신청(30일) 182

10월 노무/세무 주요 업무

Ⅰ. 연차휴가 사용촉진조치과 노무수령거부

1. 미사용 연차휴가의 사용 시기 지정 통보(2차 촉진) 187

2. 노무수령 거부 조치 191

Ⅱ. 세무관리 주요 업무

1. 2026년 2기 부가가치세 예정신고 납부(25일) 193

11월 노무/세무 주요 업무

Ⅰ. 건강진단 및 법정의무교육 체크

1. 건강진단 197

2. 법정 의무교육 202

Ⅱ. 세무관리 주요 업무

1. 2026년 귀속 종합소득세 중간예납 납부, 추계액 신고납부(30일) 211

12월 노무/세무 주요 업무

Ⅰ. 휴가, 퇴직연금 적립금 및 부담금, 정년관리

1. 연차관리 217

2. 퇴직연금 적립금 및 부담금 납부 220

3. 정년관리 221

Ⅱ. 세무관리 주요 업무

1. 종합부동산세 정기고지 및 신고납부(15일) 227

2. 원천세 반기별 납부 신청기한(31일) 229

2026년
달라지는
노동관계 법령 및
노무관리 유의사항

2026년에는 최저임금 인상, 건강보험 등 4대보험료율 인상, 노란봉투법 등이 시행된다. 2026년에 변경되는 노동관계법령의 주요 내용과 노무관리 시 유의해야 할 사항 등을 알아보고자 한다.

참고 2026년 달라지는 노동관계법령 등 주요 내용

구분	주요 변경 내용	시행시기
최저임금	◦ 10,320원으로 인상	2026. 1.1.
4대 보험료율 변경	◦ 국민연금 9% → 9.5% 인상 ◦ 건강보험 7.09% → 7.19% 인상 ◦ 장기요양보험 건강보험료의 12.95% → 13.14%	2026. 1.1.
보육수당 비과세 기준 확대	◦ 근로자 1인당 월 20만원 비과세 → 자녀 1인당 월 20만원 비과세	2026. 1.1.
노란봉투법 시행	◦ 사용자 범위 확대 : 실질적이고 구체적인 지배·결정할 수 있는 지위에 있는 자 ◦ 노동조합 소극적 요건 삭제 : 근로자가 아닌 자의 가입을 허용하는 경우 삭제 ◦ 노동쟁의 대상 확대 : 근로자의 지위 기타 대우 등 근로조건의 결정, 근로조건에 영향을 미치는 사업경영상의 결정에 관한 주장의 불일치 등 확대 ◦ 손해배상 청구의 제한 : 근로자 개인 손해배상 청구 제한 및 감면	2026. 3.10.
근로자의 날 명칭 변경	◦ 5월 1일 '근로자의 날' 명칭을 '노동절'로 복원	2025. 11.11.
일 가정 양립지원 제도	◦ 육아기 10시 출근제 운영 시 월 30만원 지원 ◦ 육아기 근로시간 단축, 출산전후휴가급여, 배우자 출산휴가, 난임치료 휴가 급여 상한액 인상 ◦ 대체인력 지원금, 육아휴직 업무분담지원금 인상	2026. 1.1.

구분	주요 변경 내용	시행시기
고용노동부 지원금 변경	◦ 청년일자리도약장려금 비수도권 확대 ◦ 30인 미만 기업 대상으로 정규직 전환지원금 지원 재개 ◦ 고령자계속고용장려금 비수도권 확대 ◦ 장애인고용개선장려금 신설	2026. 1.1.
임금채권 보장기금 부담금비율 인상	◦ 임금채권보장기금 사업주 부담금 비율을 0.06% → 0.09%로 조정	2026. 1.1.

Ⅰ. 달라지는 노동관계법령

1. 2026년 최저임금 인상(시행 : 2026.1.1.)

2026년 1월 1일부터 최저임금이 시간급 기준 10,320원으로 인상된다. 이를 월급으로 환산할 경우 2,156,880원(1주 40시간 근무, 월 소정근로 209시간 기준)으로, 전년 대비 2.9% 인상되었다.

만약 시급제 또는 일급제 근로자에게 주휴수당을 포함한 시급과 일당을 적용한다면 시급은 최소 12,384원(기본시급 : 10,320원, 주휴수당 : 2,064원)을, 1일 8시간 기준 일당은 최소 99,072원(기본일당 : 82,560원, 주휴수당 : 16,512원)이상이 되어야 하며, 반드시 근로계약서에 기본금액과 주휴수당을 구분하여 명시해야 효력을 인정받을 수 있다.

(1) 최저임금 미달자에 대한 급여 인상 검토

최저임금 위반 리스크 해소를 위해서는 우선 근로자별 적용 최저임금이 당해연도 최저임금에 미달하는지를 판단해야 한다. 최저임금 미달 여부는 근로자별 최저임금에 산입되는 임금의 합계를 월 소정근로시간 수(예 : 1일 8시간, 1주 40시간 근무하는 근로자의 월 소정근로시간 수는 209시간)로 나누어 판단한다.

최저임금에 산정 시 포함되는 임금은 소정근로의 대가로서 근로자에게 매월 1회 이상 정기적으로 지급하는 임금이며 기본급, 직무수당, 식대, 근속수당 등이 포함된다. 소정근로의 대가로 볼 수 없는 연장·야간·휴일근로수당과 미사용 연차수당, 통화 이외의 것으로 지급하는 생활 보조 또는 복리후생적 임금 등은 포함되지 않는다.

또한 최저임금 미달여부는 임금 지급 시점을 기준으로 판단함에 유의해야 한다. 2026년 1월 이후에 임금이 결정되어 추후 소급 적용을 하더라도 임금을 지급할 당시에는 최저임금에 미달한다면 법 위반이므로 임금 협상 시점과 관계없이 최소한 2026년 1월분 급여부터 지급하는 임금은 2026년 최저임금 이상이 되도록 해야 한다.

(2) 최저임금 주지의무 이행

최저임금법 제11조에 의거 최저임금을 그 사업의 근로자가 쉽게 볼 수 있는 장소에 게시하거나 그 외의 적당한 방법으로 근로자에게 널리 알려야 한다. 주지의무를 이행할 경우 사용자는 최저임금액, 최저임금 산입 제외 임금, 최저임금의 적용이 제외되는 근로자의 범위, 최저임금의 효력 발생 연월일 등을 매년 1월 1일 전날까지 근로자가 쉽게 볼 수 있는 장소에 게시하는 등의 방법으로 근로자에게 알려야 하며, 구체적인 방법으로는 사내 게시판에 공고하거나 근로자별 이메일로 발송하는 방법을 고려해볼 수 있다.

2. 4대보험료율 변경(시행 : 2026.1.1.)

2026년 1월 1일부터 국민연금, 건강보험 및 장기요양보험 요율이 인상된다.

참고 4대보험료율 변경 내용

<table>
<tr><th colspan="2">구분</th><th>보험료율</th><th>사업주 부담</th><th>근로자 부담</th><th>비고</th></tr>
<tr><td colspan="2">국민연금</td><td>9.5%</td><td>4.75%</td><td>4.75%</td><td>0.5%p 인상</td></tr>
<tr><td colspan="2">건강보험</td><td>7.19%</td><td>3.595%</td><td>3.595%</td><td>0.1%p 인상</td></tr>
<tr><td colspan="2">장기요양보험</td><td>건강보험료의 13.14%</td><td>사업주 부담 50%</td><td>가입자 부담 50%</td><td>0.19%p 인상</td></tr>
<tr><td rowspan="5">고용보험</td><td>실업급여</td><td></td><td>0.9%</td><td>0.9%</td><td rowspan="5">동결</td></tr>
<tr><td rowspan="4">고용안정 · 직업능력개발</td><td>150인 미만</td><td>0.25%</td><td rowspan="4">–</td></tr>
<tr><td>150인 이상 우선지원대상기업</td><td>0.45%</td></tr>
<tr><td>150인 이상 1,000인 미만</td><td>0.65%</td></tr>
<tr><td>1,000인 이상, 국가 · 지자체</td><td>0.85%</td></tr>
<tr><td colspan="2">산재보험</td><td></td><td>업종별로 상이</td><td>–</td><td>–</td></tr>
</table>

◦ 고용보험 및 산업재해보상보험의 보험료 징수 등에 관한 법률 개정 논의사항

고용보험 및 산업재해보상보험의 보험료 징수 등에 관한 법률 개정을 논의 중이며, 논의 중인 내용은 다음과 같다. 현재 입법예고 단계로 아직 국회 본회의 절차가 남아 있으므로 향후 법 개정 추이를 살펴볼 필요가 있다.

1) 고용보험 가입 대상

현재 ‘주 소정근로시간 15시간 이상’인 경우에 적용되지만, 향후 소정근로시간 기준이 아닌 ‘보수 기준’으로 변경하는 방안 검토 중이다. 아직 고용보험 가입을 위한 기준 보수금액을 확정되지 않았으나, 법 개정 시 주 15시간 미만 근로자도 고용보험 가입대상에 포함될 수 있다.

2) 보수총액 신고 제도 폐지

매년 3월 15일까지 근로자의 전년도 보수총액을 사업주가 직접 신고해야 하나, 개정안에는 이 제도를 폐지하고 국세청 신고자료를 기준으로 보험료를 부과하는 내용이 포함되어 있다.

3) 구직급여 산정 기준 기간 변경

구직급여는 ‘이직 전 3개월 평균임금’으로 산정하고 있으나, ‘이직 전 1년간 보수’로 변경하는 방안을 검토하고 있다.

3. 보육수당 비과세 기준 확대(시행 : 2026.1.1.)

보육수당은 근로자 또는 배우자가 6세 이하 자녀를 양육하는 과정에서 기업이 지급하는 수당을 의미하며, 기존 '근로자 단위'로 월 20만 원까지 비과세 적용되던 보육수당이 2026년부터는 '자녀 1인당' 월 20만 원으로 변경된다.

(1) 보육수당 인상방법

보육수당 인상과 함께 월 급여 총액도 인상되는 경우 근로조건 불이익 변경이 아니므로 근로자의 동의가 필요하지 않다. 단, 임금 계산방법, 구성 항목별 금액이 달라지므로 근로계약서를 재작성하여 서면 교부하여야 한다.

다만, 급여 총액은 변함없이 보육수당만 인상하는 경우에는 기본급 감소, 기본급과 연동되는 상여금 등 감소로 근로조건 불이익 변경에 해당할 가능성이 높다. 개별 연봉제인 경우에는 근로자의 동의가 필요하며, 취업규칙 변경을 통해 임금체계를 개편하는 경우에는 근로조건 불이익 변경에 해당하므로 근로기준법 제94조 취업규칙 불이익 변경 절차[1]를 거쳐야 한다.

---

1) 근로자 과반수로 조직된 노동조합이 있는 경우에는 그 노동조합의 동의를 받아야 하며, 근로자 과반수로 조직된 노동조합이 없는 경우에는 근로자의 과반수 동의 절차를 거쳐야 함

(2) 4대보험 보수총액 변경신고

과세 기준 보수총액이 변경되는 직원에 대해서는 보수월액 변경신고를 할 수 있다. 보육수당 비과세 기준이 자녀 수로 변경됨에 따라 소득세 및 지방소득세, 4대 보험료의 산정기준이 되는 보수총액이 감소하여 근로자 입장에서는 세금이 줄어 급여의 실수령액이 증가하고, 사업주 역시 4대보험료 사업자 부담분이 감소하게 된다.

건강보험과 고용·산재보험의 경우 보수총액신고에 따라 정산이 이루어지므로 반드시 보수월액 변경신고를 진행해야 하는 것은 아니나, 진행할 경우 바로 보험료 부담을 줄일 수 있다. 참고로 국민연금은 보수월액이 20% 이상 차이나는 경우에 변경 신고가 가능하므로 국민연금 보험료에는 영향을 미치지 않는다.

4. 노란봉투법 시행(시행 : 2026.3.10.)

노동조합 및 노동관계법령(이하 노동조합법이라 함) 제2조 및 제3조 개정되며, 주요 내용은 다음과 같다.

구분	주요 내용
사용자 범위 확대 (제2조 제2호)	◦ 근로계약 체결 당사자가 아니더라도 근로조건에 대하여 실질적이고 구체적으로 지배·결정할 수 있는 지위에 있는 자도 사용자의 범위에 포함
노동조합 소극적 요건 삭제 (제2조 제2호 라목)	◦ 노동조합 설립의 소극적 요건 중 '근로자가 아닌 자의 가입을 허용하는 경우'를 삭제

노동쟁의 대상 확대 (제2조 제5호)	◦ 노동쟁의 개념을 근로자의 지위 기타 대우 등 근로조건의 결정과 근로조건에 영향을 미치는 사업경영상의 결정에 관한 주장의 불일치, 사용자의 명백한 단체협약 위반으로 인하여 발생한 분쟁상태로 확대
손해배상청구의 제한 (제3조, 제3조의2)	◦ 사용자가 원인 제공 시 배상책임 제한, 근로자 개인에 대한 손해배상 청구 제한 및 감면, 신원보증인에 대한 청구 제한, 손해배상청구권 남용 제한, 책임면제 규정 신설

(1) 사용자 범위 확대

근로계약 체결 당사자가 아니더라도 특정 근로조건에 대해 실질적·구체적으로 지배·결정할 수 있는 지위에 있는 자로 사용자로 노동조합법상 사용자로 인정된다. 이에 따라 특정 근로조건에 대해 실질적·구체적으로 지배·결정할 수 있는 지위에 있는 자와 교섭의무를 부담하게 된다.

현행	개정안
제2조(정의) 이 법에서 사용하는 용어의 정의는 다음과 같다. 2. "사용자"라 함은 사업주, 사업의 경영담당자 또는 그 사업의 근로자에 관한 사항에 대하여 사업주를 위하여 행동하는 자를 말한다.	**제2조(정의)** 이 법에서 사용하는 용어의 정의는 다음과 같다. 2. "사용자"라 함은 사업주, 사업의 경영담당자 또는 그 사업의 근로자에 관한 사항에 대하여 사업주를 위하여 행동하는 자를 말한다. 이 경우 근로계약 체결 당사자가 아니더라도 근로자의 근로조건에 대하여 실질적이고 구체적으로 지배·결정할 수 있는 지위에 있는 자도 그 범위에 있어서는 사용자로 본다.

(2) 노동조합 소극적 요건 삭제

기존 노동조합법에 따르면, ① 사용자 또는 항상 그의 이익을 대표하여 행동하는 자의 참가를 허용하는 경우, ② 경비의 주된 부분을 사용자로부터 원조받는 경우, ③ 공제·수양 기타 복리사업만을 목적으로 하는 경우, ④ 근로자가 아닌 자의 가입을 허용하는 경우, ⑤ 주로 정치운동을 목적으로 하는 경우에는 노동조합으로 보지 아니하였다. 그러나 법 개정을 통해 노동조합의 소극적 요건 중 '④ 근로자가 아닌 자의 가입을 허용하는 경우'가 삭제되었다. 앞으로는 자영업자나 특수형태고용종사자 등 근로자가 아닌 자가 일부 포함되었다는 이유만으로 노동조합의 지위가 부정되지 않는다.

현행	개정안
제2조(정의) 이 법에서 사용하는 용어의 정의는 다음과 같다. 4. "노동조합"이라 함은 근로자가 주체가 되어 자주적으로 단결하여 근로조건의 유지·개선 기타 근로자의 경제적·사회적 지위의 향상을 도모함을 목적으로 조직하는 단체 또는 그 연합단체를 말한다. 다만, 다음 각목의 1에 해당하는 경우에는 노동조합으로 보지 아니한다. 가. 사용자 또는 항상 그의 이익을 대표하여 행동하는 자의 참가를 허용하는 경우 나. 경비의 주된 부분을 사용자로부	**제2조(정의)** 이 법에서 사용하는 용어의 정의는 다음과 같다. 4. "노동조합"이라 함은 근로자가 주체가 되어 자주적으로 단결하여 근로조건의 유지·개선 기타 근로자의 경제적·사회적 지위의 향상을 도모함을 목적으로 조직하는 단체 또는 그 연합단체를 말한다. 다만, 다음 각목의 1에 해당하는 경우에는 노동조합으로 보지 아니한다. 가. 사용자 또는 항상 그의 이익을 대표하여 행동하는 자의 참가를 허용하는 경우 나. 경비의 주된 부분을 사용자로부

터 원조받는 경우	터 원조받는 경우
다. 공제·수양 기타 복리사업만을 목적으로 하는 경우	다. 공제·수양 기타 복리사업만을 목적으로 하는 경우
라. 근로자가 아닌 자의 가입을 허용하는 경우	라. 삭제
마. 주로 정치운동을 목적으로 하는 경우	마. 주로 정치운동을 목적으로 하는 경우

(3) 노동쟁의 대상 확대

기존 노동조합법에 따르면, 노동쟁의는 임금·근로시간·복지·해고 기타대우 등 근로조건의 결정에 관한 주장 불일치로 인한 분쟁상태를 의미했다. 그러나 법 개정에 따라 ① 임금·근로시간·복지·해고·근로자 지위 기타대우 등 근로조건의 결정, ② 근로조건에 영향을 미치는 사업경영상의 결정에 관한 주장의 불일치, ③ 노동조합법 제92조의 제2호 가목부터 라목까지의 사항[2)]에 관한 사용자의 명백한 단체협약 위반으로 인한 분쟁상태까지 확대되었다. 이러한 노동쟁의 대상의 확대는 쟁의행위의 적법성 판단에 직접적

2) 노동조합법 제92조(벌칙)

2. 제31조제1항의 규정에 의하여 체결된 단체협약의 내용 중 다음 각목의 1에 해당하는 사항을 위반한 자

가. 임금·복리후생비, 퇴직금에 관한 사항

나. 근로 및 휴게시간, 휴일, 휴가에 관한 사항

다. 징계 및 해고의 사유와 중요한 절차에 관한 사항

라. 안전보건 및 재해부조에 관한 사항

인 영향을 미치는 중요한 변화이다. 노동조합은 과거 교섭대상에서 배제되던 영역에 대해 교섭을 요구할 수 있으며, 나아가 조정절차를 거쳐 조합원 과반수의 찬성을 확보할 경우 해당 사안에 대해서도 파업 등 쟁의행위를 할 수 있다.

현행	개정안
제2조(정의) 이 법에서 사용하는 용어의 정의는 다음과 같다. 5. "노동쟁의"라 함은 노동조합과 사용자 또는 사용자단체(이하 "勞動關係 當事者"라 한다)간에 임금·근로시간·복지·해고 기타 대우등 근로조건의 결정에 관한 주장의 불일치로 인하여 발생한 분쟁상태를 말한다. 이 경우 주장의 불일치라 함은 당사자간에 합의를 위한 노력을 계속하여도 더이상 자주적 교섭에 의한 합의의 여지가 없는 경우를 말한다.	**제2조(정의)** 이 법에서 사용하는 용어의 정의는 다음과 같다. 5. "노동쟁의"라 함은 노동조합과 사용자 또는 사용자단체(이하 "勞動關係 當事者"라 한다)간에 임금·근로시간·복지·해고·근로자의 지위 기타 대우등 근로조건의 결정과 근로조건에 영향을 미치는 사업경영상의 결정에 관한 주장의 불일치 및 제92조 제2호가목부터 라목까지의 사항에 관한 사용자의 명백한 단체협약 위반으로 인하여 발생한 분쟁상태를 말한다. 이 경우 주장의 불일치라 함은 당사자간에 합의를 위한 노력을 계속하여도 더이상 자주적 교섭에 의한 합의의 여지가 없는 경우를 말한다.

(4) 손해배상 청구의 제한

노동조합법 제3조 개정에 따라 단체교섭, 쟁의행위, 그 밖의 노동조합의 활동으로 인한 손해배상 청구가 제한된다. 특히, 사용자의 불법행위에 방어하기 위해 부득이 사용자에게 손해를 가한 노동조합 또는 근로자에 대해서는 배상 책임이 없음을 명확히 하였다.

기존에는 불법 쟁의행위에 대해 노동조합 및 조합원의 공동불법행위 책임을 물어 손해액 전체를 연대하여 부담시키는 부진정 연대책임을 적용해왔다. 그러나 개정법은 손해배상책임이 인정되는 경우에도 배상의무자별로 ▲노동조합에서의 지위와 역할, ▲ 쟁의행위 등 참여 경위 및 정도, ▲손해 발생에 대한 관여의 정도, ▲임금 수준과 손해배상 청구금액, ▲손해의 원인과 성격, ▲그 밖에 손해의 공평한 분담을 위하여 고려할 필요가 있다고 인정되는 사항을 종합적으로 검토하여 개별적 책임 범위를 정하도록 규정하고 있다. 이에 따라 사용자는 손해배상을 청구할 때 각 배상의무자의 가담 여부, 역할, 귀책사유 및 기여도 등을 구체적으로 입증해야 하는 실무적 과제를 안게 되었다. 사용자는 노동조합의 존립을 위태롭게 하거나 운영 및 활동을 방해할 목적으로 손해배상 청구권을 행사할 수 없으며, 노동조합 활동으로 인한 손해배상 책임에 대해서는 신원보증인의 배상 책임 역시 면제된다.

현행	개정안
제3조(손해배상 청구의 제한) 사용자는 이 법에 의한 단체교섭 또는 쟁의행위로 인하여 손해를 입은 경우에 노동조합 또는 근로자에 대하여 그 배상을 청구할 수 없다.	**제3조(손해배상 청구의 제한)** ① 사용자는 이 법에 따른 단체교섭 또는 쟁의행위, <u>그 밖의 노동조합의 활동</u>으로 인하여 손해를 입은 경우에 노동조합 또는 근로자에 대하여 그 배상을 청구할 수 없다. <u>② 사용자의 불법행위에 대하여 노동조합 또는 근로자의 이익을 방위하기 위하여 부득이 사용자에게 손해를 가한 노동조합 또는 근로자는 배상할 책임이 없다.</u> <u>③ 법원은 단체교섭, 쟁의행위, 그 밖의 노동조합의 활동으로 인한 손해배상책임을 근로자에게 인정하는 경우 손해의 배상의무자인 근로자에 대하여 다음</u>

	각 호에 따라 책임비율을 정하여야 한다. 1. 노동조합에서의 지위와 역할 2. 쟁의행위 등 참여 경위 및 정도 3. 손해 발생에 대한 관여의 정도 4. 임금 수준과 손해배상 청구금액 5. 손해의 원인과 성격 6. 그 밖에 손해의 공평한 분담을 위하여 고려할 필요가 있다고 인정되는 사항 ④ 제3항에 따른 배상의무자인 노동조합과 근로자는 법원에 배상액의 감면을 청구할 수 있다. 이때 법원은 배상의무자의 경제상태, 부양의무 등 가족관계, 최저생계비 보장 및 존립 유지 등을 고려하여 각 배상의무자별로 감면 여부 및 정도를 판단하여야 한다. ⑤「신원보증법」 제6조에도 불구하고 신원보증인은 단체교섭, 쟁의행위, 그 밖의 노동조합의 활동으로 인하여 발생한 손해에 대해서는 배상할 책임이 없다. ⑥ 사용자는 노동조합의 존립을 위태롭게 하거나 운영을 방해할 목적 또는 조합원의 노동조합 활동을 방해하고 손해를 입히려는 목적으로 손해배상청구권을 행사하여서는 아니 된다.

(5) 책임의 면제

사용자가 노동조합 또는 근로자의 손해배상 등 책임을 면제할 수 있는 근거 또한 마련되었다.

현행	개정안
신설	**제3조의2(책임의 면제)** 사용자는 단체교섭 또는 쟁의행위, 그 밖의 노동조합의 활동으로 인한 노동조합 또는 근로자의 손해배상 등 책임을 면제할 수 있다.

5. 근로자의 날 명칭 변경(시행 : 2025.11.11.)

매년 5월 1일 '근로자의 날' 명칭을 '노동절'로 복원하였다. 1923년부터 '노동절'로 기념해 오다가 1963년 근로자의 날 제정에 관한 법률이 제정되면서 '근로자의 날'이라는 명칭을 사용해 왔는데 다시 변경된 것이다.

◦ 근로계약서, 취업규칙 등 관련 문서상 명칭 변경

노동절로 명칭이 변경됨에 따라 근로계약서, 취업규칙 등에 명시된 근로자의 날 명칭 변경을 검토해야 한다. 내부 문서상 명칭 변경을 반드시 해야 하는 것은 아니지만, 향후 신규입사자 근로계약서를 작성하거나 취업규칙을 개정하는 경우에는 기존 근로자의 날을 노동절로 변경하여 반영하는 것이 바람직하다.

6. 임금채권보장기금 부담금 비율 인상(시행 : 2026.1.1.)

임금채권보장기금은 체불근로자를 위한 대지지급금 지급, 체불청산지원 융자 등 임금채권보장사업 비용에 충당하기 위해 운영된다. 사업주 부담금은 보수총액의 2/1,000 범위 내에서 심의를 거쳐 고용노동부장관이 정하는 부담금 비율을 곱하여 산정한다. 2025년 이후 10년 만에 임금채권보장기금 사업주 부담금 비율이 0.06%에서 0.09%로 조정되었다.

Ⅱ. 고용노동부 지원금 변경(시행 : 2026.1.1.)

1. 청년일자리도약장려금 비수도권 확대

청년의 지역 정착과 지역 기업의 인력난 완화를 위해 비수도권을 우대 지원하도록 변경되었다. 청년 근속 인센티브는 비수도권을 일반지역・우대지원・특별지원 3단계로 구분하여 일반 비수도권 480만 원, 우대지원지역 600만 원, 특별지원지역 720만 원 지원된다.

구분	2025년		2026년	
유형	유형 I	유형 II	수도권	비수도권
지원 업종	모든 업종	빈일자리 업종	모든 업종	
대상 청년	취업애로 청년[3)]	모든 청년	취업애로 청년	모든 청년
사업주 지원 (청년 1인당)	1년간 720만 원 (청년 근속 6・9・12개월 월 60만원 기준으로 지급)		1년간 720만 원 (청년 근속 6・9・12개월 월 60만원 기준으로 지급)	
청년 지원	-	2년간 480만원 (6・12・18・24개월 각 120만원)	-	2년간 480 / 600 / 720만원 (6・12・18・24개월 각 120 / 150 / 180만원)

3) 만 15~34세의 4개월 이상 실업자, 고졸 이하 학력, 취업지원제도 참여, 자립지원필요 청년, 미래내일일경험・일학습병행 사업 수료 후 최초 취업 청년 등

2. 정규직 전환지원금 재개

2026년부터 비정규직 근로자를 정규직으로 전환하는 경우 지원하는 정규직 전환지원금 지원을 재개한다.

<table>
<tr><th colspan="2">구분</th><th>이전(2023년)</th><th>2026년</th></tr>
<tr><td colspan="2">지급대상</td><td>우선지원대상기업
또는 중견기업</td><td>30인 미만 기업</td></tr>
<tr><td rowspan="2">지원
금액
(월)</td><td>전환 후
20만 원
인상</td><td>50만 원</td><td>60만 원</td></tr>
<tr><td>그 외</td><td>30만 원</td><td>40만 원</td></tr>
<tr><td colspan="2">지원 요건</td><td colspan="2">◦ 비정규직 근로자를 정규직으로 전환 또는 직접 고용한 기업
– 비정규직 : 6개월 이상 2년 이하 근속한 기간제 · 파견 · 사내하도급 근로자 및 노무제공자
◦ 정규직으로 전환 · 고용 후 1개월 이상 고용유지, 정규직 전환 후 월 평균 보수 124만 원 이상 이상 등 요건 충족</td></tr>
<tr><td colspan="2">지급기간</td><td colspan="2">◦ 정규직 전환 이행 후 1년 범위 내, 3개월 단위로 지원</td></tr>
</table>

3. 고령자계속고용장려금 비수도권 확대

기존에는 정년 연장 · 폐지 또는 1년 이상 재고용 등 계속고용제도를 도입한 우선지원대상기업, 중견기업, 사회적기업에 계속고용근로자 1인당 월 30만원씩을 지원하였으나, 2026년부터는 비수도권[4] 소재 기업의 경우 계속고용 근로자 1인당 월 40만원씩 최대 3년간 지원하도록 변경되었다.

4. 장애인고용개선장려금 신설

장애인 고용의무 미이행 사업주의 점진적 고용의무 이행을 유도하고 장애인 일자리 창출을 위해 장애인고용개선장려금이 신설되었다.

구분	내용
지원요건	◦ 상시근로자 수 50인 이상 100인 미만 사업주가 장애인 의무고용률(3.1%)을 달성하지 못하여 중증장애인 고용을 늘린 경우 - 2026년 1월 1일 이후 입사한 중증장애인부터 지원
지원금액	◦ 중증장애인 근로자 고용이 증가한 월부터 지원 ◦ 중증 남성 월 350,000원, 중증 여성 월 450,000원 지원 - 단, 지급단가와 월 임금액(최저임금 산입되는 임금만 포함)의 60%를 비교, 낮은 금액 지급
지원기간	◦ 최대 1년

4) 서울특별시, 인천광역시, 경기도 제외한 지역

5. 일 가정 양립지원 제도 확대(시행 : 2026.1월)

2026년에는 육아기 10시 출근제 지원제도가 신설되고, 육아기 근로시간 단축 급여 등 일 가정 양립지원제도가 확대된다.

<table>
<tr><th colspan="2">구분</th><th>내용</th><th>비고</th></tr>
<tr><td colspan="2">육아기
10시 출근제</td><td>◦ 육아기 자녀를 둔 근로자가 육아 사유로 근로시간을 단축하여 근무할 수 있도록 허용 시 1인당 월 30만원
- 자녀 기준 : 만 12세 이하 또는 초등학교 6학년 이하
◦ 임금 감소 없이 근로시간을 주당 30~35시간 이하로 단축(단, 1일 1시간 단축 유지 필요)</td><td>제도
신설</td></tr>
<tr><td rowspan="4">근로자
지원</td><td>육아기
근로시간
단축</td><td>◦ (매주 10시간 단축분) 통상임금 100%(상한 220만원 → 250만원)×단축비율
◦ (나머지 단축분) 통상임금 80%(상한 150만원 → 160만원)×단축비율</td><td rowspan="4">상한액
인상</td></tr>
<tr><td>출산전후
휴가
급여 등</td><td>◦ 출산전후(유사산)휴가 급여(통상임금 100%) 상한액 월 220만원</td></tr>
<tr><td>배우자
출산휴가</td><td>◦ 배우자 출산휴가 급여(통상임금 100%) 상한액 1,684,210원</td></tr>
<tr><td>난임치료
휴가</td><td>◦ 난임치료휴가 급여(통상임금 100%) 상한액 84,210원</td></tr>
<tr><td>사업주
지원</td><td>대체인력
지원금</td><td>◦ 30인 인상 130만원, 30인 미만 140만원
◦ 대체인력 지원금 지급기간을 육아휴직 전 2개월+육아휴직 기간+복직 후 1개월 인수인계 기간 추가 지원
◦ 사후지급 방식을 대체인력 근무기간 중 전액 지급방식으로 개선</td><td>지원
금액 및
기간
인상</td></tr>
</table>

구분		내용	비고
	육아휴직 업무분담 지원금	◦ 육아기 단축을 30일 이상 허용, 업무분담 근로자를 지정(최대 5명 한도)하여 업무 분담에 대한 별도 수당 지급할 경우 30인 미만 월 60만원, 30인 이상 월 40만원 지원	지원 금액 인상

2026년

월별
노무 / 세무
주요 업무

구분	노무업무 주요내용	세무업무 주요내용
1월	◦ 연차수당 정산, 장애인 고용계획서 등 제출, 최저임금 체크	◦ 2026년 달라지는 세법 주요 내용 ◦ 원천세 신고납부 ◦ 종업원분 주민세 신고납부 ◦ 사업소득 · 기타소득 간이지급명세서 제출 ◦ 2025년 2기 부가가치세 확정신고 납부 ◦ 근로소득 간이지급명세서 제출
2월	◦ 노란봉투법 주요 내용 ◦ 기업에 미치는 영향 ◦ 기업 대응방안	◦ 2025년 귀속 부가가치세 면세사업자 사업장현황신고 ◦ 지급명세서(이자 · 배당 · 기타소득) 제출
3월	◦ 고용 · 산재보험 보수총액 신고 ◦ 건강보험 보수총액 신고 ◦ 보수총액 신고 관련 Q&A	◦ 지급명세서(근로 · 퇴직 · 사업소득) 제출 ◦ 12월말 결산법인 법인세 신고납부
4월	◦ 근로계약서 및 연봉계약서 갱신 ◦ 고용형태 공시제도의 주요 내용	◦ 2026년 1기예정 부가가치세 예정신고 납부
5월	◦ 노동절 노무관리 유의사항	◦ 2025년 귀속 종합소득세 확정신고 납부 ◦ 2025년 귀속 양도소득세 확정신고 납부
6월	◦ 노사협의회 진행상황 중간 점검	◦ 원천세 반기별 납부 신청기한 ◦ 2025년 귀속 성실신고확인대상 사업자 종합소득세 확정신고 납부
7월	◦ 연차휴가 사용촉진조치 1차 실시	◦ 2026.1기 부가가치세 확정신고 납부 ◦ 근로소득 간이지급명세서 제출
8월	◦ 여름휴가와 노무관리	◦ 12월말 결산법인 법인세 중간예납
9월	◦ 채용시즌, 주목해야 할 채용절차법	◦ 2026년 귀속분 주택분 종합부동산세 합산배제 및 과세특례 신고 · 신청
10월	◦ 연차휴가 사용촉진조치과 노무수령 거부	◦ 2026년 2기 부가가치세 예정신고 납부
11월	◦ 건강진단 ◦ 법정 의무교육	◦ 2026년 귀속 종합소득세 중간예납 납부, 추계액 신고납부
12월	◦ 연차관리 ◦ 퇴직연금 적립금 및 부담금 납부 ◦ 정년관리	◦ 종합부동산세 정기고지 및 신고납부 ◦ 원천세 반기별 납부 신청기한

1월 노무 / 세무 주요 업무

◦ 연차수당 정산, 장애인 고용계획서 등 제출, 최저임금 체크 [노무]

◦ 2026년 달라지는 세법 주요 내용 [세무]

◦ 원천세 신고납부 [세무]

◦ 종업원분 주민세 신고납부 [세무]

◦ 사업소득 · 기타소득 간이지급명세서 제출 [세무]

◦ 2025년 2기 부가가치세 확정신고 납부 [세무]

◦ 근로소득 간이지급명세서 제출 [세무]

I. 연차수당 정산, 장애인 고용계획서 등 제출, 최저임금 체크

1. 최저임금 체크

(1) 2026년 최저임금 : 10,320원

2026년 최저임금은 시간급 10,320원으로, 상용근로자뿐만 아니라 임시직 · 일용직 · 시간제 근로자, 외국인 근로자 등 국적이나 고용형태와 관계없이 근로기준법상 '근로자'에 해당한다면 모두 적용된다.

(2) 최저임금 위반 검토

최저임금 위반 여부는 근로자에게 지급하는 임금 총액에서 최저임금 산입 항목과 비산입 항목을 구분하는 것에서 시작한다. 산입 범위에 포함되는 임금만을 대상으로 시간당 임금을 환산하며, 그 산식은 '최저임금 산입분÷최저임금 적용기간 시간 수'가 된다. 이렇게 산출된 시급을 해당 연도의 법정 최저임금과 비교하여 위반 여부를 판단한다. 2026년 최저임금에 미달하는 직원이 있는 경우, 2026년 1월 임금 지급 시점을 기준으로 최저임금 이상의 수준으로 임금을 반드시 조정하여야 한다.

1) 최저임금에 산입되는 임금항목

매월 1회 이상 정기적으로 지급하는 임금

매월 1회 이상 정기적으로 지급하는 근로기준법상 임금은 산입된다. 대표적으로 기본급, 직책수당, 직무수당 등이 이에 해당한다. 다만, 매월 지급되더라도 근로기준법상 임금의 성질을 갖지 않는 항목은 산입되지 않는다. 예를 들어, 유류비와 같이 업무 수행을 위해 실제 소요되는 경비를 보전하는 실비변상적 성격의 금품은 임금에 해당하지 않으므로 최저임금 산입 대상에서 제외된다.

정기상여금, 현금성 복리후생비

매월 1회 이상 정기적으로 지급되는 상여금과 통화(현금)로 지급되는 복리후생비는 그 전액이 최저임금에 산입된다. 여기서 매월 1회 이상 지급되는 상여금에는 ▲1개월을 초과하는 기간에 걸친 해당 사유에 따라 산정하는 상여금, 장려가급, 능률수당, 근속수당, ▲1개월을 초과하는 기간의 출근 성적에 따라 지급하는 정근수당이 포함된다.

생산고에 따른 임금지급제

최저임금법 시행령 제5조 제2항에 따르면, 생산고에 따라 산정·지급되는 임금은 해당 임금 산정 기간의 '총근로시간 수'로 나누어 시간당 임금으로 환산하도록 규정하고 있다. 따라서 월간 판매 실적 등에 따라 지급되는 능률수당, 영업수당, 실적급 등은 위 규정에 따라 산정 기간의 총근로시간으로 나누어 환산한다. 이렇게 산출된 금액을 기본급 등 월 단위로 정해진 임금(소정근로시간으로 나누어 환산한 금액)과 합산하여 당해 연도 시간급 최저임금 미달 여부를 판단한다.

2) 최저임금에 산입되지 않는 임금

소정근로에 대하여 지급하는 임금 외의 임금

▲연장근로 또는 휴일근로에 대한 임금 및 연장, 야간 또는 휴일 근로에 대한 가산임금, ▲연차휴가미사용수당, ▲약정 유급휴일에 대한 수당은 소정근로 외의 임금으로 최저임금에 산입되지 않는다.

근로자의 생활 보조 또는 복리후생적 금품으로서 통화 이외로 지급되는 것

식비, 숙박비, 교통비 등 근로자의 생활 보조 또는 복리후생적 금품으로서 통화 이외의 것(현물)으로 지급하는 임금은 최저임금에 산입되지 않는다.

3) 최저임금 적용기간 시간 수 계산

최저임금 적용기간 시간 수는 최저임금 산입분을 시간당 임금으로 환산하기 위해 나누는 기준 시간 수를 의미한다. ▲1일 단위로 정해진 임금은 '1일의 소정근로시간 수', ▲1주 단위로 정해진 임금은 '1주 동안의 소정근로시간 수+주휴시간 수(1주 동안의 소정근로시간 수÷40시간×8시간)', ▲월 단위로 정해진 임금은 '{1주 동안의 소정근로시간 수+주휴시간 수(1주 동안의 소정근로시간 수/40시간×8시간)}×(365일÷7일÷12월)'로 계산한다.

(3) 최저임금 관련 Q&A

1) 월 급여에 포함하여 고정적으로 지급하는 연장근로수당의 최저임금 산입 여부

연장근로 또는 휴일근로에 대한 임금 및 연장·야간·휴일근로에 대한 가산임금은 최저임금 산입 대상에서 제외된다. 이에 따라 실제 연장근로 여부와 관계없이 매월 급여에 일정액을 포함하여 지급하는 '고정 연장근로수당' 역시 최저임금 산입범위에 포함되지 않는다. 통상적으로 지급되는 주요 임금 항목별 최저임금 산입 여부를 검토하면 다음과 같다.

임금항목	주요 특징	최저임금 산입여부	비고
고정OT 수당	◦ 월 고정적으로 발생할 수 있는 연장, 야간, 휴일근로에 대한 수당	×	◦ 초과근로에 대한 대가이므로 최저임금에 산입되지 않음
비과세 수당	◦ 비과세 처리를 위해 기본급에서 구분한 식대, 차량유지비, 보육수당 등 비과세 수당	○	◦ 현금성 복리후생비로 전액 산입
직책수당	◦ 직책자에 한하여 지급하는 수당	○	◦ 매월 정기적으로 지급하는 임금으로 산입

임금항목	주요 특징	최저임금 산입여부	비고
자격수당	◦ 특정 자격증을 보유한 직원에게 지급하는 수당	○	◦ 매월 정기적으로 지급하는 임금으로 산입
경영 성과급	◦ 기업실적에 따라 일시적, 부정기적, 사용자 재량에 따른 상여금(경영성과분배금, 격려금, 인센티브)	×	◦ 임금에 해당하지 않으므로 최저임금에 산입되지 않음
개인 인센티브	◦ 개인 영업실적 등에 따라 지급되는 성과급	○	◦ 미리 정해진 지급조건과 지급률에 따라 총 근로에 대하여 정기적으로 지급되는 생산고에 따른 임금으로 산입
복지 포인트	◦ 자체 복지몰이나 특정 사이트에서 활용할 수 있도록 포인트로 지급되는 수당	×	◦ 임금에 해당하지 않으므로 최저임금에 산입되지 않음
자기 개발비	◦ 별도 요건 없이 정기적으로 모든 직원에게 정액 지급	○	◦ 매월 정기적으로 지급하는 임금으로 산입
	◦ 도서 구입비, 어학비 등 직원이 실제 지출한 비용을 청구하는 경우 지원	×	◦ 실비변상적 순수 복리후생비로 최저임금에 미산입

2) 연봉 인상을 3월에 결정하고 1월 1일자로 소급 적용할 경우의 최저임금 위반 여부

임금 인상 시점을 반드시 1월 1일로 설정해야 하는 법적 의무는 없으나, 새로운 최저임금은 매년 1월 1일부터 즉시 효력이 발생한다. 최저임금 위반 여부는 실제 '임금 지급 시점'을 기준으로 판단하므로 3월에 임금 교섭이 타결되어 1월분까지 소급 적용하기로 합의했더라도, 실제 1월과 2월에 지급된 임금이 당해 연도 최저임금에 미달한다면 최저임금법 위반에 해당한다. 따라서 사용자는 최소한 1월 임금 지급일 이전에 최저임금 미달 대상자를 파악하여, 해당 인원에 대해서는 선제적으로 임금을 조정하는 것이 바람직하다.

3) 수습기간 중 최저임금 기준

최저임금법 시행령 제3조에 따라 1년 이상의 기간을 정하여 근로계약을 체결하고 수습 중에 있는 근로자로 수습을 시작한 날부터 3개월 이내인 사람에 대해서는 최저임금의 90%를 지급할 수 있다. 다만, 건설 및 광업 종사자, 배달 라이더나 택배원, 패스트푸드 준비원, 주유원, 아파트 경비원 등 단순노무업무로 고용노동부장관이 정하여 고시한 직종에 대해서는 수습기간 중 최저임금 감액이 적용되지 않으므로 유의해야 한다.

2. 연차수당 정산

(1) 연차수당 정산의무

근로기준법 제60조에 따라 연차유급휴가는 발생한 날로부터 1년간 사용할 수 있다. 다만, 계속근로기간이 1년 미만인 시기에 발생하는 휴가는 입사일로부터 1년 동안 사용해야 한다. 근로자가 사용 기한 내에 연차휴가를 사용하지 못한 경우 '연차휴가 사용청구권'은 소멸하지만(사용자의 귀책사유로 사용하지 못한 경우 제외), 미사용 연차휴가에 대한 '수당청구권'은 여전히 존재하므로 미사용분은 반드시 임금으로 정산해야 한다.

이러한 연차휴가 산정 기간은 입사일을 기준으로 하는 것이 원칙이나, 사업장 내 노무 관리의 편의를 위해 취업규칙 등으로 회계연도(1.1~12.31) 기준의 일률적인 운영 방식을 정할 수 있다. 회계연도 기준으로 관리하는 경우의 연차수당 정산 예시는 다음과 같다.

참고 연차수당 정산 예시

구분	연차수당 정산	
2025.7.1. 입사자	◦ 1년 미만 연차 : 2026.06.30.까지 사용 ◦ 1년 이상 연차 : 2026.12.31.까지 사용	◦ 2026.7월 정산 ◦ 2027.1월 정산

(2) 연차수당 계산방법

연차수당은 휴가청구권이 소멸된 다음 날을 기준으로 취업규칙 등이 정하는 바에 따라 평균임금 또는 통상임금으로 지급한다. 만약 취업규칙 등에 별도의 규정이 없다면 통상임금을 기준으로 지급하는 것이 원칙이다. 이때 적용되는 통상임금은 '휴가청구권이 인정되는 마지막 달'의 임금을 기준으로 한다. 따라서 연차수당 지급 시점에 임금이 인상되더라도, 연차수당은 전년도 연차휴가를 사용할 수 있었던 마지막 달(예 : 12월)의 급여를 기준으로 산정한다.

연차수당의 구체적인 계산식은 다음과 같다.

연차수당=미사용 연차휴가 일수×1일 소정근로시간×통상임금

연차수당의 소멸시효는 연차휴가 사용청구권이 소멸한 때로부터 3년이다. 예를 들어, 2025년도에 부여받은 연차휴가를 2025년 12월 31일까지 사용하지 못해 수당청구권이 발생했다면, 그 소멸시효는 사용 기간 만료일 다음 날인 2026년 1월 1일부터 기산하여 2028년 12월 31일까지 적용된다.

(3) 연차수당 관련 Q&A

1) 미사용 연차휴가의 이월 사용 가능 여부

연차휴가의 사용 기간은 발생일로부터 1년이며, 이 기간이 만료되면 사용자는 미사용 연차휴가에 대한 금전 보상 의무를 진다. 다만, 노사 당사자 간 합의가 있다면 수당으로 정산하는 대신 휴가 사용 기간을 이월하여 운영할 수 있다.[1] 이 경우 개별 근로자로부터 이월된 휴가 일수와 사용 기간 등을 명확히 명시하여 사전에 동의를 받는 절차가 필요하다.

1) 근로조건지도과-1046, 2009.02.20. 참조

2) 연차휴가 사용촉진제도 운영 시 수당 정산 의무 여부

적법한 연차휴가 사용 촉진 조치를 이행했음에도 불구하고 근로자가 휴가를 사용하지 않은 경우에는 사용자의 수당 지급 의무는 면제된다. 그러나 법적인 촉진 절차를 준수하지 않았거나, 지정된 휴가일에 근로자가 출근했음에도 사용자가 명확한 '노무 수령 거부' 의사를 표시하지 않았다면 적법한 연차휴가 사용촉진제 운영으로 볼 수 없으므로 수당 지급 의무가 여전히 남게 된다. 정산되지 않은 미사용 휴가는 임금체불 리스크로 이어질 수 있으므로 유의해야 한다.

3) 초과 사용한 연차휴가의 임금 공제 가능 여부

초과 사용한 연차휴가는 다음 연도에 발생할 휴가에서 차감할 수 있다. 차감할 휴가가 없는 경우 해당 일수만큼 급여에서 공제해야 하나, 근로기준법상 '임금 전액 지급의 원칙'에 따라 근로자의 동의 없이 임의로 공제할 수 없다. 따라서 공제 금액과 시기를 명확히 안내하고 근로자의 사전 동의를 반드시 받아야 한다.

4) 출산전후휴가·육아휴직 시 미사용 연차수당 지급 여부

출산전후휴가 및 육아휴직 기간은 법령상 출근한 것으로 간주되므로 정상적인 연차휴가가 발생한다. 해당 휴가 또는 휴직으로 인해 연차휴가를 사용하지 못한 상태에서 1년의 사용 기간이 종료되면, 사용자는 미사용 연차수당을 정산하여 지급해야 한다. 실무적으로는 출산전후휴가 및 육아휴직 사용 전에 미리 선사용하거나, 근로자 동의를 받아 복직 후 사용할 수 있도록 이월하는 경우도 있다.

5) 연차수당의 퇴직급여 산입 범위

퇴직급여 제도에 따라 퇴직급여에 포함되는 연차수당의 범위가 상이하다.

퇴직금, 확정급여형(DB형) 퇴직연금은 평균임금을 기초로 퇴직급여를 산정하며, 평균임금은 산정사유 발생일, 즉 퇴사일 이전 3개월 동안 지급한 임금총액을 해당 기간의 일수로 나눈 금액을 의미하므로 근로자의 퇴직으로 인해 비로소 지급사유가 발생한 연차수당은 산입하지 않는다. 단, 전전년도 출근율에 의하여 퇴직 전년도에 발생한 연차휴가 중 사용하지 않아 지급한 금액으로 퇴직 전 1년간 지급한 연차수당의 3/12은 평균임금에 산입[2)]된다. 예를 들어, 2026.2.15. 퇴사 시 2025년에 미사용한 연차에 대해 정산받은 2026.1월 연차수당의 3/12은 퇴직급여에 포함된다.

한편, 확정기여형(DC형) 퇴직연금제도를 설정한 사용자는 연간 임금총액의 12분의 1 이상에 해당하는 부담금을 계정에 납입해야 한다. 따라서 매년 정산받은 연차수당은 물론 퇴직 시 발생하는 연차수당의 1/12만큼도 퇴직급여에 포함된다.

---

2) 근로개선정책과-4298, 2013.07.23. 참조

3. 장애인 고용계획서 등 제출

장애인 고용의무제도에 따라 월평균 상시근로자를 50인 이상 고용하는 사업주는 소속 근로자 총수의 100분의 5 범위 안에서 대통령령으로 정하는 비율 이상에 해당하는 장애인 근로자를 의무적으로 고용하여야 하고 미준수 시 월평균 상시근로자를 100인 이상 고용하는 사업주를 대상으로 고용부담금을 부과한다.

(1) 장애인 고용의무 대상이 되는 상시근로자 수 판단기준

장애인 의무고용을 판단하기 위한 상시근로자 수 산정방법과 근로기준법상 상시근로자 수 산정방법이 다르다. 근로기준법처럼 연인원을 가동일수로 나누는 방식이 아니라, 해당 월에 임금지급의 기초가 되는 날이 16일 이상인 근로자를 1명으로 카운트하여 월 평균 상시근로자 수가 50인 이상이라면 장애인 고용의무를 부담한다.

임금지급의 기초일수란 임금지급의 기초가 되는 날로서 법 기준 또는 소정근로일수와 법령, 취업규칙, 단체협약 등에 의하여 전 근로자에게 일률적으로 적용하는 유급휴일, 휴가일을 포함한다. 예를들어, 유급 병가제도를 운영하고 유급 병가를 포함한 해당 월 임금지급의 기초일수가 16일 이상이라면 해당 월 상시근로자수에 포함된다. 다만, 매월 정해진 소정근로시간이 60시간 미만인 근로자(중증장애인 예외), 대표자, 파견근로자는 제외된다.

(2) 1월 31일까지 제출해야 하는 서류

장애인 고용의무제도에 따라 월평균 상시근로자를 50인 이상 고용하는 사업주는 소속 근로자 총수의 100분의 5 범위 안에서 대통령령으로 정하는 비율 이상에 해당하는 장애인 근로자를 의무적으로 고용하여야 하고 미준수 시 월평균 상시근로자를 100인 이상 고용하는 사업주를 대상으로 고용부담금을 부과한다.

사업장 규모에 따라 1월 31일까지 준비해야 할 서류와 의무의 범위가 달라진다.

- 상시 50인 이상 : 2025년 장애인 고용실시상황 보고 및 2026년 고용계획서 제출, 직장 내 장애인 인식개선 교육 결과 보고
- 상시 100인 이상 : 위 보고 사항과 2025년분 장애인 고용부담금 신고 및 납부

1) 장애인 고용계획 및 실시상황 보고서

신고서를 제출할 때에는 ▲장애인 근로자 명부 사본 1부, ▲장애인 또는 중증장애인임을 증명할 수 있는 서류 사본 1부(해당 근로자에 대하여 최초로 보고하는 경우에만 해당)를 첨부해야 한다.

서류 미제출 시 장애인고용촉진 및 직업재활법 제86조에 따라 500만원 이하의 과태료가 부과된다.

2) 직장 내 장애인 인식개선 교육 결과보고서

고용노동부장관으로부터 요청받는 경우 ▲직장 내 장애인 인식

개선 교육 실시 결과 보고서, ▲전년도 직장 내 장애인 인식개선 교육일지 사본 1부를 매년 1월 31일까지 제출하여야 한다. 보고서의 제출은 서면 또는 온라인으로 가능하다.

3) 장애인 고용부담금 신고 및 납부

장애인 고용부담금 산출에 필요한 사항이 포함된 신고서를 제출하고, 의무고용률에 미치지 못하는 장애인을 고용한 경우에는 그에 해당하는 부담금을 납부해야 한다.

고용부담금을 신고서를 제출할 때에는 ▲장애인 근로자 명부 사본 1부, ▲장애인 또는 중증장애인임을 증명할 수 있는 서류 사본 1부(해당 근로자에 대한 최초 신고 후에는 생략 가능), ▲장애인 근로자의 월별 임금대장 사본 1부, ▲원천징수이행상황신고서 또는 전체 근로자의 월별 임금대장 사본 1부를 첨부하여야 한다.

1월 31일까지 신고하지 않을 경우 납부해야 할 부담금의 10%가 가산금으로 부과된다. 다만, 기한 내 신고했으나 금액에 오류가 있는 경우 2월 말일까지 수정신고를 통해 차액을 납부할 수 있다. 이 기간 내 스스로 정정할 경우 가산금은 50% 감면된다.

(3) 장애인 의무고용 관련 Q&A

1) 제출한 장애인 고용계획 미이행에 따른 조치 여부

제출된 보고서는 고용의무 이행지도에 활용되고, 장애인근로자 고용계획에 따른 이행을 위해 취업알선 등 고용서비스를 제공하기도 한다. 단, 장애인 고용의무 미이행 사업체인 경우 장애인고용계획이 한명도 없거나 형식적인 작성 등 장애인고용에 대한 노력이 현저히 미흡하다고 판단되는 경우에는 지방노동관서의 장은 그 계획의 변경을 명령할 수 있다.

2) 직장 내 장애인 인식개선 교육 실시 및 증빙 방법

사업주는 상시근로자 수와 관계없이 연 1회, 1시간 이상 모든 근로자(사업주 포함)를 대상으로 교육을 실시해야 한다. 출장이나 휴가로 누락된 인원이 있다면 추가 교육을 진행해야 하나, 월 60시간 미만 근로자, 월 16일 미만 고용 근로자, 휴직자 등은 교육 대상에서 제외할 수 있다.

교육 내용에는 ▲장애에 대한 이해와 장애가 가지는 차이에 대한 존중, ▲직장 내 장애인의 인권, 장애인에 대한 차별금지 및 정당한 편의 제공, ▲장애인고용촉진 및 직업재활과 관련된 법과 제도 및 ▲그 밖에 직장 내 인식개선에 필요한 사항이 포함되어야 한다. 실시 자료는 3년간 보관해야 하며, 교육 미실시 또는 자료 미보관 시에는 최대 300만 원 이하의 과태료가 부과될 수 있다.

3) 다수 사업장이 있는 경우 신고 방법

법인 사업체의 경우 사업장별 개별 신고가 아닌 '법인 단위' 합산 신고가 원칙이다. 따라서 법인 소속 모든 사업장의 고용 현황을 취합하여, 법인 등기사항증명서상 본점 소재지(또는 사업자등록증상 본사 소재지)를 관할하는 한국장애인고용공단 지역본부 및 지사에 일괄 신고·납부해야 한다.

4) 장애인 고용부담금 산정방식

연간 부담금 총액은 매월 발생한 부담금의 합계액으로 산정한다.

월별 장애인 고용부담금은 '해당 월 고용의무 미달 인원×고용이행 수준별 부담기초액'을 기초로 하며, 여기에 장려금 및 연계고용 감면액을 차감하여 최종 결정한다.

장애인 고용의무 미달 인원을 산정할 때, 임금지급 기초일수가 월 16일 이상이면서 소정근로시간이 월 60시간 이상인 중증장애인을 고용하고 있다면 해당 근로자 수는 2배로 인정된다. 예를 들어, 해당 사업장에서 경증장애인 2명과 위 요건을 모두 충족하는 중증장애인 1명을 고용하고 있다면, 실제 고용 인원은 3명이지만 장애인 고용 인원은 총 4명으로 산정된다.

고용의무 이행 수준은 [의무고용인원×비율]로 계산하고 산정된 인원에 소수점이 있는 경우 소수점 이하는 버림으로 계산한다. 예를 들어, 의무고용인원 11명의 1/2에 해당하는 인원=5명(11명×1/2=5.5명, 소수점 버림) 장애인을 5명 고용할 경우 의무고용인원의 1/2를 충족한 것으로 인정한다. 또한, 의무고용인원 2명으로 의무고용인원의 3/4와 의무고용인원의 1/2에 해당하는 인원이 1명으로 동일한 경우 사업주에게 유리하도록 장애인 1명 고용 시 3/4을 충족한 것으로 인정한다.

5) 고용부담금 납부방법

사업주는 고용부담금을 일시납부 또는 분할납부[3](4기 또는 6기)를 신청할 수 있다. 만약 기한 내 연간 부담금 전액을 일시 납부할 경우 부담금액의 3%를 공제받을 수 있다. 반면, 납부 기한을 넘길 경우 납부기한 익일부터 매 1개월마다 납부하여야 할 금액의 0.75%가 연체금으로 부과된다.

3) 고용부담금 분할 납부대상은 해당연도 고용부담금이 100만원 이상인 경우에 한함

Ⅱ. 세무관리 주요 업무

1. 2026년 달라지는 세법 주요 내용

<table>
<tr><th>구분</th><th>종전</th><th>개정</th><th>시행일</th></tr>
<tr>
<td>고배당기업에 대한 배당소득 분리과세 특례 도입</td>
<td>〈신설〉</td>
<td>◦ (대상) 고배당 상장법인* 주주
* 전년 대비 현금배당이 감소하지 않은 법인
◦ (요건)
① 배당성향 40% 이상
② 배당성향 25% 이상 및 직전 3년 평균 대비 5% 이상 배당 증가
◦ (과세특례)
금융소득 종합과세 대상에서 제외하여 분리과세
◦ (적용세율) 3단계 누진세율
<table>
<tr><th>과세표준</th><th>적용세율</th></tr>
<tr><td>2천만원 이하</td><td>14%</td></tr>
<tr><td>2천만원~3억원</td><td>20%</td></tr>
<tr><td>3억원 초과</td><td>35%</td></tr>
</table>
</td>
<td>2026.1.1 이후 개시하는 사업연도 배당분부터</td>
</tr>
<tr>
<td>통합고용세액공제 구조 개편</td>
<td>◦ (공제대상) 상시근로자* 증가분
* 근로계약기간 1년 이상
◦ (공제액)
<table>
<tr><th rowspan="3">구분</th><th colspan="4">1인당 공제액</th></tr>
<tr><th colspan="2">중소(3년)</th><th rowspan="2">중견
(3년)</th><th rowspan="2">대
(2년)</th></tr>
<tr><th>수도권</th><th>지방</th></tr>
<tr><td>우대</td><td>1,450</td><td>1,550</td><td>800</td><td>400</td></tr>
<tr><td>기본</td><td>850</td><td>950</td><td>450</td><td>-</td></tr>
</table>
</td>
<td>◦ (공제대상) 상시근로자* 증가분
* 실제 근로기간 1년 이상
◦ (공제액)
<table>
<tr><th rowspan="3" colspan="2">구분</th><th colspan="4">1인당 공제액</th></tr>
<tr><th colspan="2">중소(3년)</th><th rowspan="2">중견
(3년)</th><th rowspan="2">대
(2년)</th></tr>
<tr><th>수도권</th><th>지방</th></tr>
<tr><td rowspan="3">우대</td><td>1년차</td><td>700</td><td>1,000</td><td>500</td><td>300</td></tr>
<tr><td>2년차</td><td>1,600</td><td>1,900</td><td>900</td><td>500</td></tr>
<tr><td>3년차</td><td>1,700</td><td>2,000</td><td>900</td><td>-</td></tr>
<tr><td rowspan="3">기본</td><td>1년차</td><td>400</td><td>700</td><td>300</td><td rowspan="3">-</td></tr>
<tr><td>2년차</td><td>900</td><td>1,200</td><td>500</td></tr>
<tr><td>3년차</td><td>1,000</td><td>1,300</td><td>500</td></tr>
</table>
</td>
<td>2026.1.1 이후 최초 공제연도부터</td>
</tr>
</table>

<table>
<tr><th>구분</th><th>종전</th><th>개정</th><th>시행일</th></tr>
<tr><td></td><td>◦ (사후관리)
- 감소시 공제액 상당분 추징
- 감소한 연도는 전액 공제 배제</td><td>◦ (사후관리)
- (삭제)
- 고용 증가분 중 감소분 한정하여 공제 배제</td><td></td></tr>
<tr><td>청년형 장기집합투자증권저축에 대한 소득공제 적용 종료</td><td>◦ (가입요건)
- 19~34세
- 총급여 5,000만원(종합소득금액 3,800만원) 이하
◦ (소득공제) 납입금액의 40%</td><td>〈적용기한 종료〉</td><td></td></tr>
<tr><td>법인세율 환원</td><td>◦ (일반법인)
<table>
<tr><th>과세표준</th><th>적용세율</th></tr>
<tr><td>~2억원</td><td>9%</td></tr>
<tr><td>2~200억원</td><td>19%</td></tr>
<tr><td>200~3,000억원</td><td>21%</td></tr>
<tr><td>3,000억원 초과</td><td>24%</td></tr>
</table>
◦ (성실신고확인대상 법인*)
<table>
<tr><th>과세표준</th><th>적용세율</th></tr>
<tr><td>~200억원</td><td>19%</td></tr>
<tr><td>200~3,000억원</td><td>21%</td></tr>
<tr><td>3,000억원 초과</td><td>24%</td></tr>
</table>
* ①~③ 요건을 모두 갖춘 법인
① 지배주주 등 지분율 50% 초과
② 부동산임대업이 주된 사업이거나 부동산임대 · 이자 · 배당 소득이 매출액의 50% 이상
③ 상시근로자 수가 5인 미만</td><td>◦ (일반법인)
<table>
<tr><th>과세표준</th><th>적용세율</th></tr>
<tr><td>~2억원</td><td>10%</td></tr>
<tr><td>2~200억원</td><td>20%</td></tr>
<tr><td>200~3,000억원</td><td>22%</td></tr>
<tr><td>3,000억원 초과</td><td>25%</td></tr>
</table>
◦ (성실신고확인대상 법인*)
<table>
<tr><th>과세표준</th><th>적용세율</th></tr>
<tr><td>2천만원 이하</td><td>20%</td></tr>
<tr><td>2천만원~3억원</td><td>22%</td></tr>
<tr><td>3억원 초과</td><td>25%</td></tr>
</table>
* ①~③ 요건을 모두 갖춘 법인
① 지배주주 등 지분율 50% 초과
② 부동산임대업이 주된 사업이거나 부동산임대 · 이자 · 배당 소득이 매출액의 50% 이상
③ 상시근로자 수가 5인 미만</td><td>2026.1.1 이후 개시하는 사업연도부터</td></tr>
<tr><td>배당소득 이중과세 조정을 위한 배당가산율조정</td><td>◦ 배당소득금액 계산시, 배당소득에 배당가산율을 곱한 금액을 가산
배당가산액
=배당소득×10%</td><td>◦ 배당소득금액 계산시, 배당소득에 배당가산율을 곱한 금액을 가산
배당가산액
=배당소득×11%
* 변경된 법인세 최저세율(10%)을 기준으로 가산율 산정</td><td>2027.1.1 이후 지급받는 소득분부터</td></tr>
</table>

구분	종전	개정	시행일
고향사랑기부금 세액공제 확대	◦ (세액공제율) – 10만원 이하 : 110분의 100 – 10만원 초과 : 15%* * 특별재난지역에 기부시 30%(선포일로부터 3개월 내 기부 한정) ◦ (공제한도) 2천만원	◦ (세액공제율) – 10만원 이하 : 110분의 100 – 10만원 초과 : 40%* – 20만원 초과~2천만원 이하 : 15%* * 특별재난지역에 기부시 30%(선포일로부터 3개월 내 기부 한정) ◦ (공제한도) 2천만원	2026.1.1 이후 기부분 부터
청년미래적금에 대한 비과세	〈신설〉	◦ (대상) 다음 중 어느 하나에 해당 – 총급여 7,500만원(종합소득금액 6,300만원) 이하 – 소상공인으로서 업종, 매출액 등이 대통령령으로 정한 요건을 갖춘 경우 – 중소기업에 취업한 근로자로서 소득, 재직기간 등이 대통령령으로 정한 요건을 갖춘 경우 ◦ (적금요건) – 1명당 1개의 계좌 보유 – 납입한도 연 600만원 이하 – 계약기간 3년일 것 ◦ (비과세 혜택) 2028.12.31까지 가입한 계좌에서 발생한 이자소득에 대해 비과세	2026.1.1 이후 가입분 부터
상가임대료 인하 임대사업자에 대한 세액공제 적용기한 연장	◦ (임대인) 「상가임대차법」상 부동산임대업 사업자등록을 한 사업자 ◦ (임차인) 「소상공인기본법」상 소상공인 ◦ (세액공제) 임대료 인하액의 70%* * 종합소득금액 1억원 초과 시 50%	〈좌동〉	2028. 12.31까지 적용기한 연장

<table>
<tr><th>구분</th><th>종전</th><th>개정</th><th>시행일</th></tr>
<tr><td>상용근로자 간이 지급명세서 제출 시기 유예</td><td>◦ (상용근로소득) 매월
◦ (시행시기) 2026.1.1 이후</td><td>◦ (상용근로소득) 매월
◦ (시행시기) 2027.1.1 이후</td><td>유예기간 1년 연장</td></tr>
<tr><td>자녀 보육수당 비과세 한도 확대</td><td>◦ (대상) 6세 이하 자녀의 보육과 관련하여 사용자로부터 지급받는 급여
◦ (한도) 월 20만원</td><td>◦ (대상) 6세 이하 자녀의 보육과 관련하여 사용자로부터 지급받는 급여
◦ (한도) 자녀 1인당 월 20만원</td><td>2026.1.1 지급받는 분부터</td></tr>
<tr><td>대학생 교육비 세액공제 소득요건 폐지</td><td>◦ (적용범위) 직계비속(나이요건 없으나 소득 요건* 있음)
* 소득금액 합계액 100만원 이하</td><td>◦ (적용범위) 직계비속(나이요건과 소득요건 없음)</td><td>2026.1.1 이후 지출하는 분부터</td></tr>
<tr><td>초등학생 저학년 예체능 학원비 세제지원</td><td>〈추가〉</td><td>◦ 예능학원 및 체육시설 교육비(과세기간 종료일 현재 9세 미만 또는 2학년 이하 초등학생 한정)</td><td>2026.1.1 이후 지출하는 분부터</td></tr>
<tr><td>신용카드등 사용 소득공제 한도 확대</td><td>◦ (공제한도)
<table>
<tr><th colspan="2">공제한도/총급여</th><th>7천만원 이하자</th><th>7천만원 초과자</th></tr>
<tr><td>기본 공제한도</td><td>기본 공제</td><td>300</td><td>250</td></tr>
<tr><td rowspan="3">추가 공제한도</td><td>전통 시장</td><td rowspan="3">300</td><td rowspan="2">200</td></tr>
<tr><td>대중 교통</td></tr>
<tr><td>도서 공연등</td><td>-</td></tr>
</table>
</td><td>◦ (공제한도)
<table>
<tr><th colspan="2">공제한도/총급여</th><th>7천만원 이하자</th><th>7천만원 초과자</th></tr>
<tr><td rowspan="3">기본 공제한도</td><td>기본 공제</td><td>300</td><td>250</td></tr>
<tr><td>자녀 1명</td><td>350</td><td>275</td></tr>
<tr><td>자녀 2명 이상</td><td>400</td><td>300</td></tr>
<tr><td rowspan="3">추가 공제한도</td><td>전통 시장</td><td rowspan="3">300</td><td rowspan="2">200</td></tr>
<tr><td>대중 교통</td></tr>
<tr><td>도서 공연등</td><td>-</td></tr>
</table>
</td><td>2026.1.1 이후 개시 사업연도부터</td></tr>
</table>

• 1월

일자	세무일정	비고
10일	◦ 원천세(반기납 포함) 신고납부 ◦ 종업원분 주민세 신고납부 ◦ 취업 후 학자금 상환(ICL) 원천공제 신고납부	2025.12월분 (2025.하반기분) 2025.12월분 2025.12월분
25일	◦ 2025.2기 부가가치세 확정신고 납부	2025.하반기분
31일	◦ 일용근로소득지급명세서 제출 ◦ 사업소득 간이지급명세서 제출(거주자) ◦ 기타소득 간이지급명세서 제출(인적용역) ◦ 용역제공자에 관한 과세자료 제출 ◦ 근로소득 간이지급명세서 제출	2025.12월 지급분 2025.12월 지급분 2025.12월 지급분 2025.12월 지급분 2025.하반기분

• 2월

일자	세무일정	비고
10일	◦ 2025년 귀속 부가가치세 면세사업자 사업장 현황신고 ◦ 원천세 신고납부 ◦ 종업원분 주민세 신고납부 ◦ 취업 후 학자금 상환(ICL) 원천공제 신고납부	2025년 귀속분 2026.1월분 2026.1월분 2026.1월분
28일	◦ 일용근로소득지급명세서 제출 ◦ 사업소득 간이지급명세서 제출(거주자) ◦ 기타소득 간이지급명세서 제출(인적용역) ◦ 용역제공자에 관한 과세자료 제출 ◦ 지급명세서(이자 · 배당 · 기타소득) 제출	2026.1월 지급분 2026.1월 지급분 2026.1월 지급분 2026.1월 지급분 2025년 귀속분

• 3월

일자	세무일정	비고
10일	◦ 원천세 신고납부(반기별 납부자 포함) ◦ 종업원분 주민세 신고납부 ◦ 취업 후 학자금 상환(ICL) 원천공제 신고납부 ◦ 근로·퇴직·사업·종교인소득 지급명세서 제출	2026.2월분, 2025.연말정산분 2026.2월분 2026.2월분 2025년 귀속분
15일	◦ 하반기분 근로장려금 신청기한	
31일	◦ 일용근로소득지급명세서 제출 ◦ 사업소득 간이지급명세서 제출(거주자) ◦ 기타소득 간이지급명세서 제출(인적용역) ◦ 용역제공자에 관한 과세자료 제출 ◦ 12월말 결산법인 법인세 신고납부	2026.2월 지급분 2026.2월 지급분 2026.2월 지급분 2026.2월 지급분 2025년 귀속분

• 4월

일자	세무일정	비고
10일	◦ 원천세 신고납부 ◦ 종업원분 주민세 신고납부 ◦ 취업 후 학자금 상환(ICL) 원천공제 신고납부	2026.3월분 2026.3월분 2026.3월분
25일	◦ 2026.1기예정 부가가치세 예정신고 납부	2026.1분기분
30일	◦ 일용근로소득지급명세서 제출 ◦ 사업소득 간이지급명세서 제출(거주자) ◦ 기타소득 간이지급명세서 제출(인적용역) ◦ 용역제공자에 관한 과세자료 제출	2026.3월 지급분 2026.3월 지급분 2026.3월 지급분 2026.3월 지급분

• 5월

일자	세무일정	비고
10일	◦ 원천세 신고납부 ◦ 종업원분 주민세 신고납부 ◦ 취업 후 학자금 상환(ICL) 원천공제 신고납부	2026.4월분 2026.4월분 2026.4월분
31일	◦ 일용근로소득지급명세서 제출 ◦ 사업소득 간이지급명세서 제출(거주자) ◦ 기타소득 간이지급명세서 제출(인적용역) ◦ 용역제공자에 관한 과세자료 제출 ◦ 2025년 귀속 종합소득세 확정신고 납부 ◦ 2025년 귀속 양도소득세 확정신고 납부 ◦ 주식(국외주식,파생상품포함) 양도소득세 확정신고 납부 ◦ 정기분 근로·자녀장려금 신청기한	2026.4월 지급분 2026.4월 지급분 2026.4월 지급분 2026.4월 지급분 2025년 귀속분 2025년 귀속분 2025년 귀속분 2025년 정기분

• 6월

일자	세무일정	비고
10일	◦ 원천세 신고납부 ◦ 종업원분 주민세 신고납부 ◦ 취업 후 학자금 상환(ICL) 원천공제 신고납부	2026.5월분 2026.5월분 2026.5월분
30일	◦ 일용근로소득지급명세서 제출 ◦ 사업소득 간이지급명세서 제출(거주자) ◦ 기타소득 간이지급명세서 제출(인적용역) ◦ 용역제공자에 관한 과세자료 제출 ◦ 원천세 반기별 납부 신청기한 ◦ 성실신고확인대상사업자 종합소득세 확정신고 납부 ◦ 해외금융계좌 신고	2026.5월 지급분 2026.5월 지급분 2026.5월 지급분 2026.5월 지급분 2026.하반기부터 적용 2025년 귀속분 2025년도분

• 7월

일자	세무일정	비고
10일	◦ 원천세(반기납 포함) 신고납부	2026.6월분 (2026.상반기분)
	◦ 종업원분 주민세 신고납부	2026.6월분
	◦ 취업 후 학자금 상환(ICL) 원천공제 신고납부	2026.6월분
25일	◦ 2025.1기 부가가치세 확정신고 납부	2026.상반기분
31일	◦ 일용근로소득지급명세서 제출	2026.6월 지급분
	◦ 사업소득 간이지급명세서 제출(거주자)	2026.6월 지급분
	◦ 기타소득 간이지급명세서 제출(인적용역)	2026.6월 지급분
	◦ 용역제공자에 관한 과세자료 제출	2026.6월 지급분
	◦ 근로소득 간이지급명세서 제출	2026.1~6월분

• 8월

일자	세무일정	비고
10일	◦ 원천세 신고납부	2026.7월분
	◦ 종업원분 주민세 신고납부	2026.7월분
	◦ 취업 후 학자금 상환(ICL) 원천공제 신고납부	2026.7월분
31일	◦ 일용근로소득지급명세서 제출	2026.7월 지급분
	◦ 사업소득 간이지급명세서 제출(거주자)	2026.7월 지급분
	◦ 기타소득 간이지급명세서 제출(인적용역)	2026.7월 지급분
	◦ 용역제공자에 관한 과세자료 제출	2026.7월 지급분
	◦ 12월말 결산법인 법인세 중간예납	2026.상반기분

• 9월

일자	세무일정	비고
10일	◦ 원천세 신고납부 ◦ 종업원분 주민세 신고납부 ◦ 취업 후 학자금 상환(ICL) 원천공제 신고납부	2026.8월분 2026.8월분 2026.8월분
15일	◦ 상반기분 근로장려금 신청기한	
30일	◦ 6월말 결산법인 법인세 신고납부 ◦ 종합부동산세 합산배제 및 과세특례 신고(신청)	2025.7월~2026.6월 2026년 귀속분

• 10월

일자	세무일정	비고
10일	◦ 원천세 신고납부 ◦ 종업원분 주민세 신고납부 ◦ 취업 후 학자금 상환(ICL) 원천공제 신고납부	2026.9월분 2026.9월분 2026.9월분
25일	◦ 2025.2기 부가가치세 예정신고 납부	2026.3분기분
31일	◦ 일용근로소득지급명세서 제출 ◦ 사업소득 간이지급명세서 제출(거주자) ◦ 기타소득 간이지급명세서 제출(인적용역) ◦ 용역제공자에 관한 과세자료 제출	2026.9월 지급분 2026.9월 지급분 2026.9월 지급분 2026.9월 지급분

• 11월

일자	세무일정	비고
10일	◦ 원천세 신고납부 ◦ 종업원분 주민세 신고납부 ◦ 취업 후 학자금 상환(ICL) 원천공제 신고납부	2026.10월분 2026.10월분 2026.10월분
30일	◦ 일용근로소득지급명세서 제출 ◦ 사업소득 간이지급명세서 제출(거주자) ◦ 기타소득 간이지급명세서 제출(인적용역) ◦ 용역제공자에 관한 과세자료 제출 ◦ 종합소득세 중간예납 납부, 추계액 신고납부	2026.10월 지급분 2026.10월 지급분 2026.10월 지급분 2026.10월 지급분 2026.상반기분

• 12월

일자	세무일정	비고
10일	◦ 원천세 신고납부 ◦ 종업원분 주민세 신고납부 ◦ 취업 후 학자금 상환(ICL) 원천공제 신고납부	2026.11월분 2026.11월분 2026.11월분
15일	◦ 종합부동산세 정기고지 및 신고납부	2026년 귀속분
31일	◦ 일용근로소득지급명세서 제출 ◦ 사업소득 간이지급명세서 제출(거주자) ◦ 기타소득 간이지급명세서 제출(인적용역) ◦ 용역제공자에 관한 과세자료 제출 ◦ 원천세 반기별 납부 신청기한	2026.11월 지급분 2026.11월 지급분 2026.11월 지급분 2026.11월 지급분 2027.상반기부터 적용

※ 세법에서 규정하는 신고·납부·제출·신청 기한이 토요일 및 일요일, 「공휴일에 관한 법률」에 따른 공휴일 및 대체공휴일 또는 「근로자의 날 제정에 관한 법률」에 따른 근로자의 날인 경우, 그 다음날을 기한으로 한다.

2. 원천세 신고납부(매월 10일)

(1) 주요내용

원천세 신고는 원천징수 대상소득을 지급하는 원천징수의무자가 소득자로부터 세금을 미리 징수하여 국가에 납부하는 제도를 말한다.

원천징수의무자가 원천징수대상 소득금액 또는 수입금액을 지급하는 때에 다음의 소득구분별 원천징수세율을 적용하여 원천징수를 해야 한다.

원천징수대상 소득	원천징수세율(지방소득세 포함)
① 이자·배당소득	지급액의 15.4%(비영업대금의 이익 27.5%)
② 원천징수대상 사업소득	지급액의 3.3%
③ 근로소득	월 지급액에 간이세액표 적용
④ 기타소득	지급액의 22%
⑤ 퇴직소득	퇴직소득세 결정세액

원천징수한 세금은 그 징수일이 속하는 달의 다음 달 10일까지 원천징수의무자의 관할 세무서에 신고·납부해야 하며, 반기별 납부 대상 원천징수의무자의 경우 반기의 마지막 달의 다음 달 10일까지 신고·납부할 수 있다.

(2) 세무관리 유의사항

기타소득금액은 건별로 5만원 이하인 경우 원천징수가 제외되며, 소득구분을 불문하고 원천징수세액이 1천원 미만인 경우 원천징수를 하지 않으나 거주자에게 지급되는 이자소득의 경우 원천징수세액이 1천원 미만이더라도 원천징수를 하여야 함에 유의해야 한다.

퇴직소득의 경우, DB형 퇴직연금 가입 사업장이거나 퇴직금을 IRP계좌로 지급하여 과세이연이 되는 경우라도 총지급액은 원천징수이행상황신고서에 기재하여 신고해야 한다.

원천세를 기한 내에 납부하지 않거나 과소 납부하는 경우, 미납·과소납부 금액의 3%의 가산세와 기한 경과 후 1일마다 0.022%의 가산세가 추가로 부과되므로 기한 내에 납부하는 것이 무엇보다 중요하다고 할 것이다.

3. 종업원분 주민세 신고납부(매월 10일)

(1) 주요내용

종업원분 주민세는 해당 월을 포함하여 최근 12개월간 급여총액을 해당 개월 수로 나눈 월평균금액이 1억 5천만원을 초과하는 경우, 해당 월에 지급한 급여총액을 과세표준으로 하여 1천분의 5의 세율을 적용한 산출세액을 신고·납부하는 제도를 말한다.

급여총액은 정기급여의 총액과 상여금, 특별수당 등 비정기적 급여의 총액을 합하여 산정하며, 「소득세법」 제12조 제3호에 따른 비과세 대상 급여 등은 제외한다.

(2) 세무관리 유의사항

「중소기업기본법」 제2조에 따른 중소기업은 다음의 어느 하나에 해당할 경우 「지방세법」 제84조의 5에 따른 중소기업 고용지원을 받을 수 있으므로 꼭 확인하여야 한다.

구분	종업원분의 과세표준에서 공제되는 금액
① 50명 초과기업의 추가 고용	(해당 월의 종업원 수–직전 연도의 월평균 종업원 수*)×월 적용급여액 * 직전 연도의 월평균 종업원 수가 50명 이하인 경우 50명으로 간주
② 사업소 신설로 최초 50명 초과된 사업소	50명에 해당하는 월 적용급여액* * 최초로 신고하여야 하는 달부터 1년 동안만 적용
③ 5년 내 종업원 수 50명 초과사실 없는 기업	50명에 해당하는 월 적용급여액* * 해당 월의 종업원분을 신고하여야 하는 달부터 1년 동안만 적용

여기서 종업원 수는 상시고용하는 종업원 수에 수시고용하는 종업원의 월 연인원을 해당 월의 일수로 나눈 평균 인원수를 합하여 계산하며 월 적용급여액은 해당 월의 종업원 과세표준을 해당 월의 종업원 수로 나누어 계산하면 된다. ②, ③의 경우 50명을 초

과한 달부터 1년 동안만 특례를 적용하되 해당 기간 동안 50명을 초과하지 않은 달은 공제되는 금액이 없음에 유의해야 하며 그 다음부터는 ①을 적용 받을 수 있다.

4. 사업소득 · 기타소득 간이지급명세서 제출(매월 31일)

원천징수 대상 사업소득 또는 다음의 인적용역을 일시적으로 제공하는 기타소득을 지급하는 경우에는 그 소득 지급일이 속하는 달의 다음 달 말일까지 사업소득 또는 기타소득 간이지급명세서를 제출하여야 한다.

1) 고용관계 없이 다수인에게 강연을 하고 강연료 등 대가를 받는 용역
2) 라디오 · 텔레비전방송 등을 통해 해설, 심사 등을 하고 보수 또는 이와 유사한 성질의 대가를 받는 용역
3) 변호사, 공인회계사 등 전문적 지식 또는 특별한 기능을 가진 자가 보수 또는 대가를 받고 제공하는 용역

5. 2025년 2기 부가가치세 확정신고 납부(1월 25일)

(1) 주요내용

법령에 열거된 규정에 따라 부가가치세가 면제되는 사업만을 영위하는 경우를 제외하고, 사업상 상품(재화)의 판매나 서비스(용

역)를 제공하는 모든 사업자는 사업자유형별로 부가가치세 확정 신고·납부 의무가 발생한다.

사업자 유형	제2기 과세대상기간	예외
법인사업자	10/1~12/31	◦ 공급가액 미만[4]으로 예정신고를 하지 않은 경우, 7/1~12/31
개인사업자	7/1~12/31	◦ 사업부진[5]등으로 예정신고를 한 경우, 10/1~12/31
간이과세자	1/1~12/31	◦ 7/1 기준 과세유형 전환 시, 7/1~12/31

과세대상기간 동안 다음의 계산 흐름에 따라 산출된 세액을 다음해 1.1~1.25에 신고·납부하여야 한다.

> {매출세액−매입세액−경감·공제세액−예정고지세액(예정신고 미환급세액)}+가산세액=차가감 납부(환급)세액

4) 직전 과세기간의 공급가액이 1억5천만원 미만인 법인사업자

5) 예정신고기간의 공급가액 또는 납부세액이 직전 과세기간의 공급가액 또는 납부세액의 3분의 1에 미달하는 자

(2) 세무관리 유의사항

매출세액과 매입세액에는 예정신고 누락분도 포함되며, 법령에 열거되어 있는 공제되지 않는 매입세액[6]을 면밀히 검토하여 공제에서 제외하고 신고하는 것이 중요하다.

수출 등 영세율 매출을 누락할 경우 납부세액에는 영향이 없지만 영세율과세표준신고불성실 가산세가 부과되니 유의하여야 하며, 특히 세금계산서 발급·수취 관련 가산세가 폭넓게 규정되어 있으므로 공급시기에 유념하여야 한다.

둘 이상의 사업장이 있는 경우 주사업장 총괄납부제도와 사업자단위과세제도를 활용하여 납세의 편리함을 도모할 수 있다.

6. 근로소득 간이지급명세서 제출(1월 31일)

일용근로자가 아닌 근로자에게 지급하는 근로소득에 대한 간이지급명세서는 그 소득 지급일이 속하는 반기의 마지막 달의 다음 달 말일까지 제출하여야 한다.

원천징수시기 특례 규정에 따라, 2025년 12월 귀속 1월 지급분도 포함하여 1월 31일까지 제출해야 함을 유의하여야 한다.

---

6) 1. 사업과 직접 관련이 없는 지출
 2. 비영업용승용차의 구입·임차·유지와 관련된 지출
 3. 기업업무추진비와 관련된 지출 등

2월
노무 / 세무
주요 업무

- 노란봉투법 주요 내용 [노무]
- 기업에 미치는 영향 [노무]
- 기업 대응방안 [노무]

- 2025년 귀속 부가가치세 면세사업자 사업장현황신고 [세무]
- 지급명세서(이자 · 배당 · 기타소득) 제출 [세무]

Ⅰ. 노란봉투법 시행 대비

노동조합 및 노동관계조정법(이하 노동조합법이라 함)이 개정되어 2026년 3월 10일부터 시행된다. 노란봉투법은 2014년 쌍용자동차 파업으로 인한 손해배상 사태를 둘러싸고 시민들이 근로자들에게 노란 봉투에 위로금을 담아 전달한 데서 유래한 이름으로, 사용자의 개념을 확장하여 노동조합의 자주권과 노조 활동에 대한 권리를 강화하고 사용자의 손해배상 청구권을 제한하는 내용을 핵심으로 한다.

1. 노란봉투법 주요 내용

(1) 사용자 개념 확대

법 개정에 따라 직접 계약 관계가 있는 고용주뿐만 아니라 근로자의 근로조건을 실질적으로 지배·결정할 수 있는 자도 사용자에 포함된다. 이에 따라 하청회사·파견회사·자회사·계열사 등 간접 고용 근로자나, 직접 근로계약 관계가 없는 근로자로 구성된 노동조합도 원청이나 모회사 등을 상대로 교섭을 요구할 수 있게 된다.

(2) 노동조합 요건 완화

근로자가 아닐 경우 노조 가입이 불가했던 현행 노동조합법 조항을 삭제하여 특수고용·플랫폼 근로자 등도 노동조합에 가입하여 활동할 수 있게 된다.

(3) 노동쟁의 범위 확대

현행 노동조합법상 근로조건 '결정'에 관한 사항만 노동쟁의 대상이었으나, 이제는 근로자 지위(고용)에 관한 사항, 근로조건에 영향을 미치는 사업 경영상의 결정, 단체협약의 중대한 위반 행위까지 노동쟁의 대상으로 확대된다.

(4) 손해배상 제한

쟁의행위로 발생하는 손해에 대한 사용자의 손해배상 청구를 제한하여 노동조합과 근로자는 대규모 손해배상 소송으로부터 보호를 받게 된다. 또한 사용자가 노조 활동으로 인한 손해배상 책임을 임의로 면제할 수 있는 조항이 신설되어 노사 분쟁 해결을 위한 실무적 수단으로 활용할 수 있게 되었다.

2. 기업에 미치는 영향

노란봉투법 시행에 따라 기업에 가장 직접적으로 부담이 되는 요소는 사용자 범위 및 노동쟁의 대상의 확대이다.

(1) 사용자성 분쟁 및 교섭 거부 리스크 증가

앞으로는 하청업체 노동조합이 원청업체에 단체교섭을 요구하는 사례가 다수 발생할 것으로 예상된다. 이에 대해 원청이 실질적 지배력이 없음을 이유로 교섭을 거부할 경우, 사용자성 여부를 둘러싼 법적 분쟁이 증가할 가능성이 높다.

(2) 쟁의행위 정당성 범위 확대에 따른 파업 심화

그동안 '근로조건의 결정'으로 한정되었던 쟁의 목적의 정당성 범위가 대폭 넓어짐에 따라 현장에서 파업이 빈발할 가능성이 있으며, 이는 불법 쟁의행위나 직장 점거로 이어질 우려가 있다. 특히 목적의 정당성을 이유로 해당 쟁의행위가 불법으로 평가될 가능성은 기존보다 극히 낮아질 것으로 예상된다.

(3) 경영권 영역에 대한 노조의 개입

인수합병·구조조정·투자 등 사업경영상 결정을 실현하는 과정에서 근로자의 지위 또는 근로조건의 실질적·구체적 변동을 초래하는 정리해고, 구조조정에 따른 배치전환 등은 단체교섭 대상에 해당한다. 이에 따라 노동조합은 정리해고, 배치전환 등에 대해서도 반대의견을 피력하며 쟁의행위를 벌일 수 있게 된다. 특히, 원청업체가 사용자로 인정되는 경우, 하청업체 교체나 도급 계약 종료와 같은 원청의 경영상 판단에 대해서도 하청노조가 파업을 단행하는 상황이 발생할 수 있다. 이처럼 경영권의 고유 영역으로 여겨졌던 사안들이 대거 쟁의 대상으로 편입됨에 따라, 기업의 전략적 의사결정 과정에서 노사 갈등이 심화되거나 경영상의 제약이 가중될 것으로 예상된다.

3. 기업 대응방안

노란봉투법 시행으로 인해 기업은 사용자성 판단, 교섭 의무 여부, 파업 가능성 등 기존과는 다른 노사관계 리스크에 대비할 필요가 있으며, 사전 점검과 대응체계 마련이 필요하다.

(1) 실질적·구체적 지배력에 대한 사용자성 사전 점검

하청업체 조합원에 대한 사용자성 인정 여부와 관련하여 원청이 하청 근로자의 근로조건에 대해 '실질적이고 구체적으로 지배·결정할 수 있는 지위'에 해당하는지를 검토해야 한다. 향후 하청 노동조합이 교섭을 요구하거나 쟁의행위를 할 경우 원청의 법적 책임 범위에 대한 핵심 판단 기준이 된다.

법령상 '실질적·구체적으로 지배·결정할 수 있는 자'에 대한 판단기준이 규정되어 있지 않으며, 아직 구체적인 판단기준은 알 수 없다. 관련해서 법원이 하청 근로자에 대한 실질적 지배력을 판단한 사례와 최근 고용노동부가 발표한 노동조합법 해석지침(안)[7]

참고하여 판단기준을 검토할 수 있다.

1) 법원의 실질적 지배력 판단기준

법원은 ▲하청이 원청의 기준, 작업방식 등에 따라 지속적·구조적 통제·지시를 받는지, ▲하청이 원청 사업에 유기적으로 조직된 일부로서 기능하고 있는지, ▲하청이 독자적으로 근로조건을 결정하지 못하고 원청과의 단체교섭에 의해 비로서 해결될 수 있는지, ▲하청이 원청과 전속적 거래관계, 사설장비의 소유관리 권한 부재, 원청 사업운영 체계에 포섭 등이 인정되는지 등을 종합적으로 고려하여 사용자성 인정 여부를 판단하고 있다.

2) 고용노동부 노동조합법 해석지침(안)

고용노동부가 제시한 기준은 크게 '① 근로조건에 대한 구조적 통제와 ② 조직적 사업 편입 및 경제적 종속성'으로 두 가지이다.

구분	근로조건에 대한 구조적 통제	조직적 사업 편입 및 경제적 종속성
개념	◦ 핵심 징표로서, 원청이 하청의 근로시간, 휴게시간, 작업일정, 작업강도 등 핵심적인 근로조건을 구조적으로 통제함	◦ 보완적 징표로서, 원청 업무에 편입되어 있거나 핵심적인 장비를 제공받는 등 경제적으로 종속됨

7) 고용노동부는 개정 노동조합법 해석지침안을 발표하고 현재 행정예고 중이며, 아직 확정되지 않음

인정 예시	◦ 원청이 하청의 인력의 수, 자격, 기능 등 인력 운용 기준을 결정 ◦ 원청과 연동되어 하청의 생산공정 방식·근무시간이 결정됨 ◦ 세부적인 작업지시서·시스템 등을 통해 하청의 업무 배정·순서·방식 결정	◦ 원청이 하청을 포함하여 인원효율화 계획을 작성하고 인원배치, 근무형태를 결정 ◦ 원청과 하청이 각 공정별로 사실상 하나의 작업집단을 구성 ◦ 하청의 신규 거래를 제한하고, 원청과 상시적·전속적 거래관계 유지
불인정 예시	◦ 도급 계약이행을 위한 납기 및 품질 요구·거래조건 협상 변경, 발주서 및 설계도면 등에 따른 작업이행 요구는 구조적 통제로 볼 수 없음	◦ 하청이 원청의 임시적·일시적 업무를 수행하거나 하청이 고도의 전문성·기술성을 보유하여 전속 계약을 체결

(2) 교섭의무 발생 시 교섭진행 기준 체크

하청 노조의 교섭 요구가 있을 경우, 사용자성 인정 여부와 별개로 관련 법적 절차를 엄격히 준수하여 교섭 업무를 수행해야 한다. 특히 실제 교섭이 개시될 상황에 대비하여 교섭창구 단일화 절차를 재점검하고 하청 노조와의 교섭 시 발생할 수 있는 주요 쟁점별 유의사항을 미리 정비할 필요가 있다. 관련된 지침이나 사례가 없기 때문에 쟁점별 실무 기준을 사전에 설정해 두는 것이 중요하다.

1) 교섭요구 및 의제 확정

노동조합법 시행규칙 제10조의2에 따라 노동조합의 명칭과 대표자의 서명, 주된 사무소의 소재지, 교섭을 요구한 날 현재 종사근로자인 조합원 수를 서면으로 적어 교섭을 요구해야 한다. 하청노조에 대해서는 '의제별'로 교섭의무가 발생하나, 현행 시행규칙에는 교섭요구 시 의제를 적지 않도록 하고 있다. 따라서 하청노조가 의제없이 교섭을 요구하는 경우에는 교섭의제를 확정하여 회신할 것을 요구하여야 한다.

2) 교섭요구 사실의 공고 및 확정

노동조합법 시행령 제14조의3에 따라 노동조합으로부터 교섭요구를 받은 날부터 7일간 교섭요구 사실을 공고해야 한다. 다만, 하청노조의 교섭요구에 대해 교섭의무가 없다고 판단되는 경우에는 공고를 생략할 수 있다. 노동조합법 시행령 제14조의5에 따라 교섭요구사실 공고 기간이 끝난 다음 날에 사용자는 교섭을 요구한 노동조합을 확정하여 통지 및 공고하여야 한다. 공고 기간 종료 후 사용자는 교섭 요구 노동조합을 확정하여 통지 및 공고하되, 교섭의무가 없는 노조는 확정 대상에서 제외한다.

3) 개별교섭 활용

노동조합법 제29조의2 단서 조항에 따라 교섭요구 노동조합이 확정된 때부터 14일 이내에 사용자의 동의로 개별교섭을 실시할 수 있다. 원・하청 공동교섭 요구 시에도 사용자는 원청노조와의 개별교섭을 선택하거나, 각 하청노조별로 의제가 다른 경우 개별교섭 방식으로 대응하여 협상 리스크를 분산할 수 있다.

4) 교섭대표노동조합 결정 리스크

교섭창구 단일화 제도는 '사업장 단위'로 적용되므로 원・하청 교섭에서도 단일화가 원칙이다. 자율적 결정이 되지 않을 경우 과반수 노동조합이 교섭대표가 되는데, 현행법상 조합원 수만으로 결정되므로 하청노조가 교섭대표가 될 가능성이 존재한다. 과반수 노조가 없는 경우 공동교섭대표단이 구성되며, 소규모 하청노조들이 연대하여 교섭에 나설 가능성이 크다.

5) 교섭단위 결정 및 분리 신청

원・하청 공동교섭 요구 시 하청 간 또는 원・하청 간 이해관계 차이가 큰 경우 사용자는 교섭단위 분리 신청을 고민해 볼 수 있다. 고용노동부는 원청노조와 하청노조의 교섭단위를 분리하고, 하청노조 간에는 직무 특성과 이해관계의 유사성 여부에 따라 개별 또는 유사 그룹별로 분리하여 하청노조의 실질적인 교섭권을 보장하는 것이 타당하다는 입장이다.

작성 시점에 입법 예고된 노동조합법 시행령(안)에 따르면, 노동위원회의 교섭단위 분리 과정에서 원청노조와 하청노조는 교섭권의 범위, 사용자의 책임, 근로조건, 이해관계 등에서 서로 차이가 있으므로 원청노조와 하청노조 간에는 교섭단위를 분리하고, 하청노조 간 교섭 단위 분리는 ① 직무나 이해관계, 노동조합 특성이 현저히 다른 경우에는 개별하청별로 분리하는 방식, ② 직무 등 특성이 유사한 하청이 있는 경우에는 유사 하청별로 분리하는 방식, ③ 전체 하청의 직무 등 특성이 유사한 경우는 전체 하청노조로 분리하는 방식 등 합리적인 방식으로 교섭단위 분리하여 하청노조의 교섭권을 실질적으로 보장하겠다는 내용을 포함하고 있다.

따라서 교섭의무가 인정될 경우 원청과 하청, 혹은 서로 다른 직무를 수행하는 하청 노조 간의 이해관계를 면밀히 분석하여 우리 사업장 상황에 가장 적합하고 효율적인 교섭 구조를 설계하는 것이 필요하다.

(3) 노동쟁의 범위 확대에 따른 리스크 점검

노동쟁의 대상의 확대에 따른 리스크도 함께 점검해야 한다. 구조조정, 투자, 사업양도 등 경영상 판단이 쟁의행위 대상이 될 수 있으므로 쟁의행위 대상이 될 수 있는 사안이 무엇인지 사전에 검토하고 대응 시나리오를 마련할 필요가 있다. 아직 명확한 기준이 정립되어 있지 않으며, 고용노동부가 발표한 노동조합법 해석지침(안)을 참고하여 살펴보고자 한다.

1) 근로조건에 영향을 미치는 사업경영상의 결정

정리해고, 사업장 일부 폐쇄, 도급 종료 등 근로자의 고용 유지에 직접적이고 중대한 영향을 미치는 경영상 판단을 의미한다. 고용노동부는 사용자의 경영권(영업의 자유)과 근로자의 노동3권이 충돌하는 지점에서 상호 조화를 이루는 '규범조화적 해석'이 필요하다는 입장이다.

이에 따라 기업 조직 변동(합병, 분할, 양도, 매각 등) 목적 그 자체는 교섭 대상이 아니나, 이를 실현하는 과정에서 수반되는 정리해고나 배치전환 등 근로조건의 변동을 초래하는 행위는 단체교섭 대상에 포함된다. 현실적으로 인력 구조조정 없는 기업 변동이 드물다는 점을 고려하면, 단순 경영참가 목적이 아닌 한 사업경영상 결정은 단체교섭 및 쟁의 대상에 포함될 가능성이 매우 높다. 따라서 배치전환이나 정리해고 등 실질적인 근로조건 변동 사항에 대해서는 노조와 사전 협의 프로세스를 강화하는 것이 필요하다.

2) 근로자 지위와 관련한 근로조건 결정

근로자의 지위는 이익분쟁 유형에 해당하며, 노동관계 당사자 간 고용형태의 변경, 징계, 승진 등에 관한 원칙·기준·절차의 설정 및 변경을 둘러싼 분쟁상태를 의미한다. 예를 들어, ▲비정규직의 정규직 전환 제도의 신설 또는 기준 변경 요구, ▲징계·승진 제도의 공정성 확보를 위한 기준 마련 및 변경 요구, ▲정년 연장과 관련된 기준 설정 요구 등이 포함된다. 다만, 특정 개별 조합원에 대한 처분 그 자체는 노동쟁의 대상에서 제외된다. 따라서 근로자 지위에 대한 인사제도 개편 시 제도 변경의 필요성과 공정성에 대한 객관적 근거를 사전에 확보하고, 기획 단계부터 노사 협의체나 설명회 등을 통해 현장의 공감대를 형성하는 등 사전 협의 절차를 두는 것이 바람직하다.

3) 사용자의 명백한 단체협약 위반

본래 권리분쟁은 사법절차를 통해 해결하는 것이 원칙이나, 이번 개정으로 임금, 복리후생, 근로시간, 징계 절차, 안전보건 등 핵심 사항에 대한 '명백한 단체협약 위반'은 예외적으로 노동쟁의 대상에 포함된다. 여기서 '명백한' 위반이란 단체협약 문언의 객관적 의미가 명확하여 해석상 다툼의 여지가 없음에도 정당한 사유 없이 이행하지 않는 경우를 의미한다. 따라서 협약 해석이나 이행 방법을 둘러싼 노사 간 의견 불일치는 여전히 노동쟁의 대상에서 제외된다.

사내 단체협약 문구 중 해석이 모호하거나 이행 가능성이 낮은 조항을 전수 조사하여 정비해야 한다. 특히 '명백한 위반'으로 간주될 수 있는 행정적 실수를 방지하기 위해 정기적으로 협약 이행 여부를 점검하고, 노사 간 해석상 이견이 발생할 수 있는 조항을 사전에 검토하여 명확한 해석 기준을 마련하는 것이 필요하다.

Ⅱ. 세무관리 주요 업무

1. 2025년 귀속 부가가치세 면세사업자 사업장현황신고(10일)

(1) 주요내용

거주자 중 부가가치세가 면제되는 업종을 영위하는 다음의 개인사업자는 해당 연도의 총수입금액, 세금계산서 등 적격증빙 수취내역 등을 기재한 부가가치세 면세사업자 사업장현황신고서를 해당 과세기간의 다음 연도 2월 10일까지 사업장관할세무서장에게 제출하여야 한다. 즉, 부가가치세 신고의무가 없는 모든 개인사업자가 대상자인 것으로 생각하면 쉽게 파악할 수 있다.

〈사업장현황신고 대상 개인사업자〉

- 의사, 한의사, 연예인 등 전문직종
- 임시학원, 보습학원 등 학원사업자
- 농·축·수산물 도·소매업자
- 사금융업, 서비스사업자 등

주택임대업, 대부업, 일반학원, 일반병의원, 피부과, 안과, 성형외과, 치과, 한방과, 동물병원, 연예인 사업자는 사업장현황신고서에 수입금액검토표를 첨부하여 제출하여야 한다.

(2) 세무관리 유의사항

해당 과세기간 중 폐업 또는 휴업한 사업자도 사업장현황신고서 제출의무가 있으며, 둘 이상의 사업장이 있는 사업자는 각 사업장별로 사업장현황신고 의무가 있음에 유의해야 한다.

「의료법」에 따른 의료업, 「수의사법」에 따른 수의업 및 「약사법」에 따라 약국을 개설하여 약사(藥事)에 관한 업(業)을 행하는 사업자는 사업장현황신고를 하지 않거나 신고해야 할 수입금액에 미달하게 신고한 때에는 신고하지 않은 수입금액 또는 미달한 신고한 수입금액의 1천분의 5에 상당하는 가산세가 발생한다.

사업장현황신고불성실가산세 = 무신고(과소신고)수입금액×5/1,000

2. 지급명세서(이자 · 배당 · 기타소득) 제출(28일)

거주자 또는 내국법인에게 이자 · 배당소득을 지급하거나 거주자에게 기타소득을 국내에서 지급하는 자는 지급일이 속하는 연도의 다음 연도 2월 말일까지 연간 지급된 금액의 합계액에 대해 지급명세서를 작성하여 제출하여야 한다.

내국법인에 대한 배당은 원천징수대상에 해당하지 않지만 지급명세서는 제출하여야 함을 유의해야 한다.

지급명세서 제출기한까지 제출하지 않았거나 제출된 지급명세서 등에 기재된 지급금액이 사실과 다른 경우 다음의 가산세가 부과되기 때문에 무엇보다 기한 내에 정확한 금액을 제출하는 것이 중요하다고 할 것이다.

구분	가산세
미제출	◦ 미제출 지급금액의 1%*
사실과 다르게 제출	◦ 사실과 다른 지급금액의 1%*

* 단, 제출기한이 지난 후 3개월 이내에 제출하는 경우에는 0.5%를 적용함.

당초에 실제 지급액보다 과다하게 제출하는 경우에도 사실과 다르게 제출한 경우에 해당하므로 유념할 필요가 있다.

3월 노무 / 세무 주요 업무

◦ 고용 · 산재보험 보수총액 신고 [노무]
◦ 건강보험 보수총액 신고 [노무]
◦ 보수총액 신고 관련 Q&A [노무]

◦ 지급명세서(근로 · 퇴직 · 사업소득) 제출 [세무]
◦ 12월말 결산법인 법인세 신고납부 [세무]

Ⅰ. 고용산재보험 건강보험 보수총액 신고

매년 3월에는 고용·산재보험의 보험료 정산을 위한 보수총액 신고가 이루어진다. 보수총액 신고는 작년 보험료를 정리하는 개념으로 작년 보험료를 정산하여 추가 징수 및 환급을 결정하고 올해 보험료를 다시 산정하는 것이다.

보수총액 신고는 고용·산재보험, 건강보험을 대상으로 이루어진다. 국민연금은 전년도 국세청 소득 과세자료를 연계하여 국민연금공단이 직권으로 사업장 가입자의 기준소득월액을 결정하고 있으며, 별도 보수총액신고를 진행할 필요는 없다.

1. 고용·산재보험 보수총액 신고

근로자를 1명이라도 채용 시 무조건 고용·산재 보수총액신고를 진행해야 한다. 신고의무는 사용자가 부담하므로, 사용자는 3월 15일까지 서면 또는 온라인[8]을 활용하여 근로자별 전년도 보수총액을 신고해야 한다. 고용·산재보험 신고 누락 또는 거짓 신고 시 300만 원 이하 과태료가 부과된다.

8) 10인 이상은 온라인으로만 신고할 수 있음

(1) 보수총액 신고 대상자

매년 12월 말일 현재 고용·산재보험과 건강보험에 가입된 근로자라면 신고 대상자에 포함된다. 단, 연도 중 퇴사한 자, 일용근로자 등은 대상에서 제외된다. 구체적인 보수총액 신고 대상이 되는 근로자의 범위는 아래와 같다.

참고 보수총액 신고 대상자

구분	신고대상	
현재 기준 재직자	○	-
연도 중 퇴직자	×	◦ 퇴직 시 이미 신고하였으므로 제외
12월 중 입사자	○	◦ 입사당월 보험료 부과 대상이므로 신고
휴직 중인 근로자	○	◦ 고용보험에는 포함, 산재보험에서 제외
전보 근로자	○	◦ 전보일 기준 전보 전·후 사업장에서 발생한 보수를 사업장별로 나누어 신고 ◦ 전보 이전 사업장은 상실일이 전보일, 전보 이후 사업장은 취득일이 전보일에 해당한다.
해외파견근로자	○	-
일용 근로자	○	◦ 전체 일용근로자 소득 합산하여 별도 신고
예술인	○	◦ 단, 소득합산 신청 예술인은 적용 제외
외국인근로자	△	◦ 가입제외 대상 외국인은 제외
노무제공자	○	-

(2) 고용형태별 보수총액 산정

1) 상용 근로자의 연간보수총액

근로자가 사업장에서 근로의 제공을 통해 받은 임금, 상여 등과 이와 유사한 성질의 금품의 합계를 기재한다. 단, 퇴직금과 소득세법 규정에 따른 비과세 근로소득은 제외된다.

참고 보수총액의 범위에서 제외되는 비과세 근로소득의 예시

- 근로자가 받는 월 20만원 이하의 식대
- 근로자 또는 그 배우자의 출산이나 6세 이하 자녀의 보육과 관련하여 받는 급여로서 자녀 1인당 월 20만 원 이내의 금액
- 월 20만 원 이내의 자가운전보조금 등

휴업·휴직 기간 중 발생한 보수가 있다면 고용보험 보수총액에만 산입하면 되지만, 만일 휴직 이전에 지급사유가 발생한 보수를 휴직기간에 지급하는 경우라면 고용보험과 산재보험 보수총액에 모두 포함해야 한다.

2) 일용근로자 및 그 밖의 근로자 연간보수총액

일용근로자란 1개월 미만 동안 고용되는 근로자를 말한다. 일용근로자 보수총액은 산재 및 고용보험 일용근로자의 연간 보수로 산정한다. 그 밖의 근로자 보수총액은 산재보험을 취득하지 않은

월 60시간 미만 단시간 상용근로자와 외국인 근로자(고용보험 적용 제외자)의 연간 보수총액을 합한 금액으로 산정한다.

3) 일용근로자 중 65세 이후 새로 고용된 근로자 등

만 65세 이후에 새로 고용된 근로자는 고용보험 중 고용안정·직업능력개발사업만 가입대상에 해당한다. 따라서, 65세 이후에 새로 고용되었거나, 65세 이전에 고용되었더라도 65세 이후 근무일과 10일 이상 근로 공백이 있는 일용근로자의 보수 합계는 별도로 산정한다.

또한, 외국인근로자의 고용 등에 관한 법률에 따라 고용허가 절차를 거쳐 채용된 체류자격 E-9 또는 H-2 근로자는 고용보험 임의가입 대상자로서 고용안정·직업능력개발부분만 적용되므로 해당 외국인 근로자의 보수 합계 역시 구분하여 산정해야 한다.

4) 예술인의 연간 보수총액

예술인은 고용보험에 대해서만 보수총액을 신고하면 된다. 예술인의 연간 보수총액은 소득세법 제19조에 따른 사업소득과 동법 제21조에 따른 기타소득을 더한 금액에서 비과세소득과 필요경비를 빼서 산정한다.

참고 예술인의 필요경비 공제산식

{(사업소득 또는 기타소득)-(사업소득 또는 기타소득 중 비과세소득)}×25%

계약기간이 1개월 미만인 단기 예술인의 보수총액의 경우, 미신고된 내역이 있거나 보수액 정정이 필요한 경우에는 노무제공내용 확인신고 또는 단기노무제공내용 정정신고를 먼저 실시한 후, 처리가 완료되면 보수총액을 신고해야 한다.

5) 노무제공자의 보수총액

고용보험 가입 노무제공자의 경우 일반 근로자와 달리 실제 월 보수액을 매월 신고하지만, 정확한 보험료 산정을 위해 매년 보수총액신고도 병행해야 한다. 노무제공자의 월 보수액은 아래와 같이 산정된다.

참고 노무제공자의 월 보수액 산정 방법

{(사업소득 또는 기타소득)-(사업소득 또는 기타소득 중 비과세소득)}×직종별 공제율

2. 건강보험 보수총액 신고

건강보험 보수총액 신고는 직장가입자에게 지급한 1년간의 보수 총액을 건강보험공단에 신고하여 보험료를 정산하는 제도인데, 2025년부터는 국세청에 근로소득 간이지급명세서만 제출하면 건강보험 보수총액 신고를 한 것으로 간주된다. 즉, 국세청 자료 연동으로 별도 신고 불필요하다.

단, 이 경우에도 근로소득 간이지급명세서를 제출하지 않았거나, 기재사항에 누락·오류 등이 있는 경우에는 현행과 동일하게 3월 10일까지 전년도 보수총액을 신고해야 한다.

3. 보수총액 신고 관련 Q&A

(1) 보수총액 신고서 수정방법

이미 제출한 보수총액 신고서도 수정 가능하다. 보수총액 신고 대상 근로자를 누락하여 신고하였거나, 보수총액을 잘못 기재하여 신고한 경우, 일용근로자 등의 보수총액을 누락하거나 착오하여 신고하는 등의 경우에는 '보수총액수정신고서'를 활용하여 수정하면 된다.

보수총액을 수정할 때에는 그 내용을 확인할 수 있는 증빙자료(예 : 근로소득 원천징수 영수증, 임금대장 등)을 첨부하여 신고해야 한다.

(2) 정산보험료 반영방법

1) 고용·산재보험

고용보험료는 실업급여 부분과 고용안정·직업능력 개발사업 부분으로 나누어 부과된다. 근로자는 이 중 실업급여 부분에 대한 보험료만 부담하므로 실업급여 부분에서 발생한 정산보험료 중 근로자부담분을 월 급여에 반영하면 된다. 단, 매월 급여의 0.9%에 해당하는 고용보험료를 공제하고 있었다면 해당연도 총 보수에서 0.9%에 해당하는 고용보험료를 전부 공제한 것과 다름없으므로 추가로 정산분을 반영하지 않도록 주의해야 한다.

산재보험은 보험료의 전액을 사업자가 부담하므로 근로자에게 반영할 근로자분의 정산보험료가 없다.

2) 건강보험

해당 월의 급여 수준과 관계없이 그 달에 부과된 건강보험료를 공제하고 있었다면 보수총액신고를 통해 정산된 보험료를 해당 근로자에게도 반영해야 한다. 이 경우 공단이 고지한 정산 결과를 토대로 반환(환급) 금액이 발생했다면 근로자에게 돌려주고, 추가 징수 금액이 있다면 당월 급여에서 공제하면 된다.

반면, 해당 월의 급여를 기준으로 건강보험료율을 매월 산정하여 보험료를 공제하고 있었다면 정산된 보험료를 반영할 필요가 없다. 단, 연도 중에 입사한 근로자의 경우 정산된 보험료가 반영될 여지가 있으므로 주의해야 한다. 예를 들어 근로자가 특정 월의 1일 이후에 입사한 경우, 해당 월[9]은 근무월수에는 포함되지만 정산대상 월수[10]에서는 제외된다. 이 경우, 매월 급여에 보험료율을 적용

9) 전년도 보수총액이 해당하는 근무개월 수

10) 실제로 보험료가 부과되는 월수

한 보험료를 공제했다고 하더라도 정산분이 발생할 수 있기 때문에 정산된 보험료를 반드시 확인하여 반영하여야 한다.

(3) 정산보험료 분할 납부 가능 여부

고용·산재보험의 경우 추가로 납부해야 할 금액이 정산을 실시한 달의 보험료를 초과한다면 그 금액을 2등분하여 정산을 실시한 달과 그 다음달 보험료에 각각 합산하여 부과된다. 만약, 일시납을 원한다면 보수총액신고 시 '정산보험료 일시납 신청'을 표시하여 제출하면 된다. 정산 결과 보험료를 초과 납부한 것으로 확인되었다면, 보수총액 신고 시 신청을 통해 향후 발생할 보험료에 충당하거나 별도의 과납금 환급 신청을 통해 돌려받을 수 있다.

건강보험의 경우, 정산 결과 추가로 납부해야 할 금액은 그 다음 달 보험료에 합산하여 부과된다. 만약 추가 부과액이 당월 보험료 이상인 경우, 사업장은 별도의 신청을 통해 이를 1회에 전액 납부하거나 최대 12회 범위 내에서 분할하여 납부할 수 있다. 반면, 이미 납부한 보험료가 정산 금액보다 많아 환급금이 발생하는 경우에는 향후 납부할 보험료에 우선 충당된다. 충당 후 잔액이 있거나 사업장에서 별도로 신청하는 경우에는 해당 금액을 반환받을 수 있다.

3월
노무
·
세무

Ⅱ. 세무관리 주요 업무

1. 지급명세서(근로 · 퇴직 · 사업소득) 제출(10일)

거주자에게 근로 · 퇴직 · 원천징수대상 사업소득을 국내에서 지급하는 자는 지급일이 속하는 연도의 다음 연도 3월 10일까지 연간 지급된 금액의 합계액에 대해 지급명세서를 작성 · 제출하여야 한다.

근로소득 지급명세서 제출 시에는 월 20만원 이하의 비과세 식대 지급액, 육아 보육수당 등 제출 비과세 항목들도 포함하여 제출하여야 함을 유의해야 하며 연도 중에 퇴사한 중도퇴사자의 지급명세서도 포함하여 제출하여야 함을 특히 조심하여야 한다.

제출 전에는 지급명세서상의 급 · 상여액 및 주(현)근무지 기납부세액의 합계액과 해당 연도 원천징수이행상황신고서상의 총 지급액 및 소득세 등 징수세액의 합계액이 일치함을 반드시 확인하고 제출해야 한다.

실무적으로 대표이사 인정상여 소득처분에 따라 지급명세서를 수정제출 해야 하는 문제가 발생하나, 이 경우 지급명세서 관련 가산세는 적용되지 않는다.

2025년 12월 귀속 2026년 1월 지급분의 경우, 원천징수시기 특례 규정이 있는 근로 · 퇴직소득은 2026년 3월 10일까지 제출하여야 하며 특례 규정이 없는 원천징수대상 사업소득은 원칙에 따라 지급일이 속하는 연도의 다음 연도인 2027년 3월 10일까지 제출기한임을 유념하기 바란다.

해당 연도 중 금융기관 등에서 소속 직원분들의 근로소득 관련 자료 제출을 요구할 경우, 실무적으로 지급명세서를 대신하여 갑종 근로소득에 대한 소득세원천징수확인서로 갈음이 가능하므로 참고해주시길 바란다.

2. 12월말 결산법인 법인세 신고납부(31일)

(1) 주요내용

법령이나 정관 등에서 12월31일을 사업연도 종료일로 하는 내국법인은 사업연도 종료일이 속하는 달의 말일부터 3개월 이내에 해당 사업연도에 대한 법인세 과세표준과 세액을 신고·납부하여야 하며, 법인세 계산구조를 요약하면 다음과 같다.

계산구조	내용	비고
결산서상 당기순이익		
(+)익금산입, 손금불산입	〈소득처분〉 ◦ 유보, 상여, 배당, 기타소득, 기타사외유출	〈대표적인 소득처분 예시〉 ◦ 작업진행률 의한 수입금액 가산 ◦ 자산의 당기 평가감, 전기 평가증 중 당기 사용분 ◦ 기업업무추진비 한도초과액 ◦ 가지급금등의 인정이자 ◦ 감가상각비 한도초과액 ◦ 업무용승용차 관련 비용 손금불산입 ◦ 퇴직급여·대손충당금 한도초과액 ◦ 법인세, 벌과금, 과료 등

계산구조	내용	비고
(-)손금산입, 익금불산입	〈소득처분〉 ◦ 유보, 기타	〈대표적인 소득처분 예시〉 ◦ 전기 수입금액 가산분 당기 수입 계상 ◦ 퇴직급여·대손충당금 전기 부인액 중 당기 환급액 ◦ 자산의 당기 평가증, 전기 평가감 중 당기 사용분 ◦ 법인세 환급금 및 환급가산금 ◦ 수입배당금액의 익금불산입
차가감 소득금액		
(+)기부금 한도 초과액	◦ 특례기부금 10년간 이월공제 ◦ 일반기부금 10년간 이월공제 ◦ 위 외의 기부금은 이월되지 않음	
각사업연도 소득금액		
(-)이월결손금	◦ 10년 이내에 발생한 세무상 이월결손금	◦ 2020.1.1 이후 개시 사업연도 발생분부터는 15년 이내
(-)비과세소득		
(-)소득공제		
과세표준		
(×)세율	◦ 2억원 이하 : 10% ◦ 2억원 초과 : 20% ◦ 200억원 초과 : 22% ◦ 3천억원 초과 : 25%	◦ 2026.1.1. 이후 개시하는 사업연도부터 적용
산출세액		
(-)공제·감면 세액	◦ 「법인세법」과 「조세특례제한법」에 규정	〈대표적인 공제·감면 제도〉 ◦ 창업중소기업 법인세 감면 ◦ 중소기업 등 특별세액 감면 ◦ 연구 및 인력개발비 세액공제 ◦ 통합투자세액공제 ◦ 고용을 증대시킨 기업에 대한 세액공제 ◦ 성과공유제 경영성과급 세액공제
(+)가산세	◦ 지급명세서 제출불성실 가산세 등	

계산구조	내용	비고
총부담세액		
(-)기납부세액	◦ 원천납부세액 ◦ 수시부과세액 ◦ 중간예납세액	
차감납부할 세액		

(2) 세무관리 유의사항

세법상 중소기업의 요건에 해당하는 내국법인의 경우, 「법인세법」과 「조세특례제한법」에 매우 다양한 세제지원 규정들이 있기 때문에, 세제지원이 가능한 규정들을 면밀히 검토하여 적용시키는 것이 중요하다.

또한, 세액감면 규정과 세액공제 규정이 동시에 적용되는 경우 다음의 적용순위에 따라야 함에 유의하여야 한다.

① 세액감면, ② 이월공제가 인정되지 않는 세액공제, ③ 이월공제가 인정되는 세액공제로서 이월된 세액공제, ④ 이월공제가 인정되는 세액공제로서 해당 사업연도에 발생한 세액공제

납부할 세액이 1천만원을 초과하는 경우, 납부기한이 지난 날부터 1개월(중소기업은 2개월) 이내에 분납할 수 있으며, 납부할 세액의 범위에 따라 다음에 의한다.

① 납부할 세액이 2천만원 이하인 경우 : 1천만원을 초과하는 금액, ② 납부할 세액이 2천만원 초과인 경우 : 그 세액의 50% 이하의 금액

4월
노무 / 세무
주요 업무

◦ 근로계약서 및 연봉계약서 갱신 [노무]
◦ 고용형태 공시제도의 주요 내용 [노무]

◦ 2026년 1기예정 부가가치세 예정신고 납부 [세무]

Ⅰ. 근로계약서 및 연봉계약서 갱신, 고용형태 현황 공시

1. 근로계약서 및 연봉계약서 갱신

1분기는 연봉 협상과 임금 인상이 집중되는 시기다. 변경된 연봉액을 반영하기 위해 근로계약서 또는 연봉계약서를 갱신하게 되는데, 이 과정에서 실무자들은 다양한 상황에 직면하게 된다. 단순히 임금이 인상되는 경우뿐만 아니라, 임금이 삭감·동결되거나 혹은 임금 총액은 변함없으나 항목별 구성(기본급, 수당 등)만 조정되는 경우에도 계약서를 다시 작성해야 하는지, 작성한다면 어떠한 절차를 거쳐야 하는지에 대한 고민이 깊어질 수밖에 없다. 이에 근로계약서 변경과 관련된 기본적인 법적 기준을 살피고, 실무상 자주 발생하는 주요 계약 갱신 쟁점들을 검토하고자 한다.

(1) 근로계약(또는 연봉계약) 작성 기준

근로기준법 제17조는 임금의 구성항목, 계산방법, 지급방법, 소정근로시간, 휴일, 연차휴가에 관한 사항은 서면으로 명시하여 근로자에게 교부할 것을 정하고 있고, 기간제 및 단시간근로자 보호 등에 관한 법률 제17조는 기간제 및 단시간 근로자와의 근로계약 체결 시 위 사항들에 더하여 근로계약기간과 취업의 장소와 종사하여야 할 업무에 관한 사항 및 근로일 및 근로일별 근로시간(단시간

근로자에 한함)을 서면으로 명시하도록 정하고 있다.

근로계약서 필수 서면 명시사항에 해당하는 근로조건이 변경되는 경우에는 근로계약서(연봉계약서)를 재작성하여 근로자에게 교부해야 한다.

1) 소정근로시간

소정근로시간이란 법정근로시간(1일 8시간, 1주 40시간)의 범위 내에서 근로자와 사용자가 근무하기로 약정한 시간을 의미한다. 소정근로시간을 명시할 때에는 개별 근로자의 시업 및 종업시간 및 휴게시간을 함께 명시하여야 한다.

시업 및 종업시간, 휴게시간대 등이 변경된 경우에는 근로계약서를 재작성하는 것이 원칙이다. 다만, 선택적 근로시간제 등 유연근무제는 근로자대표와의 서면 합의를 통해 도입되는 제도이므로 해당 제도의 도입만으로 근로계약서를 반드시 재작성할 필요는 없다.

2) 임금의 구성항목, 계산방법, 지급방법

임금을 구성하는 항목(예 : 기본급, 고정연장근로수당, 식대 등), 각 구성항목의 계산방법, 임금의 산정기간, 임금지급일을 명시하여야 한다. 만약, 근로조건 중 임금의 구성항목이 변경(예 : 직책수당, 식대 등을 추가)되거나 구성항목은 유지되나 그 금액이 변경되는 경우(예 : 승진하여 직책수당이 인상되는 경우)에는 근로계약서를 재작성하여 교부해야 한다.

3) 휴일 및 휴가

근로기준법 제55조에 따른 휴일에는 주휴일과 「관공서의 공휴일에 관한 규정」에 정한 휴일(설날, 추석 등을 말하며, 이하 '법정공휴일'이라 함)이 있다. 따라서 주휴일과 법정공휴일에 관한 사항을 근로계약서에 명시해야 한다. 휴가는 근로기준법 제60조에 따른 연차유급휴가를 의미하며, 근로계약서에 명시해야 한다.

한편, 근로계약서에 휴일과 휴가에 관한 사항을 구체적으로 명시하지 않고 '취업규칙에 정한 바에 따른다'는 식으로 포괄적으로 정하는 경우도 있다. 그러나 이와 같이 정할 경우에는 원칙적으로 근로계약서 교부 시 휴일과 휴가에 관한 사항을 명시한 취업규칙을 함께 교부해야만 효력이 인정된다. 따라서 근로계약서상 간단하게라도 휴일 및 휴가에 관한 내용을 명시하는 것이 바람직하다.

4) 취업의 장소와 종사하여야 할 업무

근무 장소는 본사인지, 사업장인지, 타회사 파견근무에 해당하는지 등 실제 근로자가 근무를 수행하는 장소와 종사하는 업무를 명시해야 한다. 다만, 향후 발생할 수 있는 전보 등에 대한 인사권 행사의 유연성을 위해서 '단, 회사의 사정 및 업무상 필요에 따라 직원의 근무 장소와 업무내용의 변경을 명할 수 있으며 이에 따르도록 한다'는 단서조항을 명시할 필요가 있다.

5) 근로계약기간 및 근로일별 근로시간(기간제 및 단시간근로자)

기간에 정함이 있는 근로계약을 체결하는 경우에는 근로계약기간을 명확히 명시하여야 한다. 간혹 근로계약기간을 정하면서 자동 연장 조항을 정하는 경우가 있는데, 총 근로계약 기간이 2년을 초과하게 되는 경우 해당 근로자는 기간의 정함이 없는 근로자로 간주되며, 계약 기간이 종료되더라도 회사가 임의로 근로계약을 종료할 수 없다. 따라서 계약기간을 명확히 하고 계약기간이 만료된 때에는 자동으로 근로계약은 종료하는 것을 원칙으로 정하는 것이 바람직하다.

(2) 근로계약(또는 연봉계약) 갱신 관련 Q&A

1) 2026년 근로계약서 작성 시 특히 유의해야 할 사항

정부는 2026년에 실제 근로시간에 관계없이 일정액을 수당으로 지급(정액수당형)하는 포괄임금제 폐지 법안을 마련하겠다는 입장이다. 고정OT제도를 운영하고 있는 경우에는 포괄임금제로 오인되지 않도록 고정 시간외근로수당에 포함되는 시간 수를 명확히 하고 실근로시간 기준으로 이를 초과한 시간에 대해서는 추가수당을 지급해야 한다. 또한, 휴일 규정에 근로자의 날을 기재하고 있다면 법 개정에 따라 명칭을 노동절로 변경하는 것이 바람직하다.

2) 최저임금 인상과 근로계약서 작성

2026년 최저임금 인상에 따라 임금을 조정하는 경우, 근로계약서 필수 서면 명시사항인 임금에 관한 사항이 변경되므로 근로계약서를 다시 작성해야 한다. 변경된 임금 수준을 명시한 근로계약서(또는 연봉협약서)를 새로 작성하여 근로자에게 서면 교부하여야 한다.

3) 임금 관련 근로계약서 재작성의무

2026년 보육수당 비과세 기준 변경에 따라 임금 구성항목 별 임금이 변경되는 경우

임금 수준은 기존과 동일하게 유지하면서 임금항목에 식대를 추가하는 경우에는 임금의 구성항목, 구성항목별 금액이 변경되므로 근로계약서를 다시 작성해야 한다. 단 임금의 총액을 유지하면서 식대항목을 추가하는 경우에는 기본급이 낮아지게 되고, 기본급을 기준으로 성과급, 수당 등을 지급하고 있다면 이러한 변경은 근로자의 근로조건 불이익 변경에 해당하므로 취업규칙 변경절차에 준하여 근로자의 과반 동의를 얻어야 한다.

계약서에 정한 연봉계약기간이 만료된 경우

연봉적용기간이 만료된 후에 별도로 연봉계약을 다시 하지 않으면, 기존의 계약이 자동으로 갱신된 것으로 본다. 따라서 근로계약서 필수 서면 교부사항에 해당하는 임금의 구성항목, 계산방법, 지급방법 등이 변경되지 않는다면 연봉계약기간 만료로 근로계약서를 반드시 다시 작성할 필요는 없다. 이 경우 임금은 기존의 임금 수준이 그대로 유지된다.

연봉금액을 받아들일 수 없어 근로계약서 서명을 거부하는 경우

근로자가 서명을 거부할 경우 새로운 임금계약이 체결될 때까지는 기존 임금계약의 효력이 유지된다.

한편, 근로기준법 제17조에서는 사용자와 근로자가 근로계약을 체결할 때 명시하여야 할 사항과 이를 명시한 서면을 교부하도록 규정하고 있고, 동의(서명)를 받아야 할 의무까지 규정하고 있지 않다. 즉, 근로자가 계속해서 근로계약서의 서명을 거부하더라도 근로계약서 교부 절차만 거치면 법적 문제가 없으므로 무조건적으로 서명을 거부하는 근로자에 대해서는 근로계약서 서면을 직접 교부하면 법적으로 문제가 없다. 단, 근로계약서의 교부를 입증할 수 있도록 직접 서면으로 근로자에게 교부하는 동시에 개인 이메일로도 교부하는 것이 바람직하다.

반면, 임금이 삭감될 경우에는 개별 근로자의 동의가 원칙이므로 근로계약서 서면 교부만으로는 효력이 인정되지 않는다. 따라서 근로자가 서명을 거부할 경우 기존에 적용되었던 연봉을 계속 지급해야 한다.

4) 근로계약서와 연봉계약서 양식 구분

일반적으로 근로계약 체결 시 약정한 근로시간, 주휴일, 연차휴가 등의 기초 근로조건은 입사 이후 큰 변동이 없는 경우가 많다. 반면 임금은 매년 연봉 협상이나 최저임금 인상에 따라 변경이 잦은 편이다. 이러한 특성 때문에 실무에서는 최초 입사 시 모든 근로조건을 담은 '근로계약서'를 작성하고, 이후 매년 변경되는 임금 사항만을 별도의 '연봉계약서'로 갱신하는 방식을 활용하기도 한다. 중요한 것은 계약서의 명칭이나 형식이 아니라, 근로기준법상 요구되는 주요 근로조건의 명시 및 교부 의무를 충실히 이행했는지 여부다. 따라서 기업은 조직의 규모, 업무 특성, 노무 관리의 편의성 등을 고려하여 근로계약서와 연봉계약서를 통합하거나 분리하는 등 적합한 방식을 자율적으로 선택할 수 있다.

2. 고용형태 공시제도의 주요 내용

고용형태 공시제도란 기업이 고용형태를 공시하도록 하여 기업 경영의 자율성을 침해하지 않으면서 사회적 여론 등을 통해 사업주의 고용구조 개선을 유도하는 제도이다. 상시 300인 이상 사업장의 사업주는 매년 3월 31일 기준의 근로자 고용형태 현황을 해당 연도 4월 30일까지 공시해야 한다.

(1) 공시의무 사업주

상시근로자 300인 이상의 근로자를 고용한 사업주를 말하며, 공시의무 대상 여부를 판단하는 상시근로자 수는 직접 고용하는 근로자 수만을 말한다. 이때 상시근로자 수는 년도 매월 말일 현재 사용하는 근로자 수의 합계를 전년도 조업 개월 수로 나누어서 산정하며, 출산휴가, 병가, 육아휴직, 결근 등의 사유로 실제 근로를 제공하지 않는 근로자도 상시근로자 수에 포함된다.

1) 사업체 단위 기준

고용형태 공시 의무는 개별 사업장이 아닌 사업체(법인) 단위로 부여된다. 따라서 경영상 일체를 이루면서 유기적으로 운영되는 하나의 기업이 여러 개의 사업장을 가진 경우에는 각 사업장 근로자의 고용형태 현황을 합산하여 공시해야 한다. 실무적으로는 본사 인사팀에서 각 사업장별 인원 현황을 취합한 후, 법인 전체의 통합 데이터를 산출하여 공시 절차를 진행하면 된다.

다만, 본사와 장소적으로 분산되어 있는 지점, 출장소, 공장 등이 ▲한국표준산업분류상 산업(대분류)이 다르거나, ▲서로 다른 단체협약 또는 취업규칙을 적용하는 경우, ▲노무관리, 회계 등이 명확하게 독립적으로 운영되는 경우 중 어느 하나에 해당한다면 독립성 있는 별개의 사업장으로 보아 고용형태 현황을 신고해야 한다.

2) 건설업

고용형태 공시 대상 사업장은 경영상의 일체를 이루는 '기업(법인) 그 자체'를 의미한다. 따라서 건설업과 같이 전국에 산재한 여러 사업 현장을 운영하는 경우라도, 각 현장이 본사와 유기적으로 운영되는 하나의 법인 소속이라면 장소에 관계없이 본사에서 모든 현장의 인원을 총괄 합산하여 일괄 공시해야 한다.

(2) 공시대상 근로자

3월 31일 현재 사용하는 소속 근로자와 소속 외 근로자의 고용형태 현황을 공시하여야 한다. 소속 근로자는 계약기간의 정함이 없는 근로자, 기간제 근로자, 단시간 근로자를 의미하고, 소속 외 근로자는 파견, 용역, 도급 계약에 의해 근무하는 근로자를 말한다.

참고로 상시 1,000인 이상 근로자를 사용하는 사업주는 사업체(법인) 단위의 고용형태 현황 공시와 함께 사업장 단위의 고용형태 현황 고용형태 현황과 소속 외 근로자의 주요 업무 내용도 공시해야 한다.

1) 임원

공시 대상 근로자에는 근로기준법상 근로자에 한한다. 업무대표권 및 업무집행권이 있는 기업의 등기임원은 근로기준법에 의한 근로자라고 볼 수 없어 공시대상에서 제외된다. 다만, 근로기준법상 근로자인지 여부는 그 형식적인 직위, 직급이 아니라 그 실질에 따라 판단해야 하므로, 명칭이 이사, 상무 등이라고 하더라도 실질적인 업무집행권이 없는 경우에는 근로기준법상 근로자로 보아 공시대상에 포함하여야 한다.

2) 외국인근로자

국적과 관계없이 국내에 고용되어 근무하는 경우라면 동일하게 공시대상이 된다.

3) 해외 사업장 소속 외국인 근로자

국내회사의 해외 현지법인이 근로자를 고용한 경우 원칙적으로 국내회사와는 분리되는 별개의 법인격으로 보아야 한다. 따라서 국내회사에서 해외 현지법인으로 근로자를 파견하여 국내회사에서 인사 및 노무관리 등을 하고 있는 경우가 아닌 한 외국인 근로자는 국내회사의 상시 근로자 수에는 포함되지 않는다.

다만 현지에서 외국인 근로자를 채용하였더라도 실제 고용 주체가 국내회사로 볼 수 있다면 해당 외국인 근로자를 국내회사의 상시근로자 수에 포함하여 산정하면 된다(근로기준정책과-4451, 2020.11.9.).

4) 임대매장 소속 근로자

임대료 지불을 주 내용으로 하는 등 임대계약을 체결한 사업주가 고용한 근로자는 공시 대상에서 제외된다.

(3) 고용형태 외 공시 내용

1) 특기사항

공시 내용에 큰 변동이 있거나 기간제 또는 소속 외 근로자 사용이 불가피한 사정이 있는 경우 등에는 특기사항을 활용하여 그 사유를 기재할 수 있다.

예컨대, 퇴직 후 재고용, 임신·출산·육아 여성 등의 고용안정 등을 위해 기간제 근로자를 사용하는 경우, 조업라인 증설, 전상망

구축 등의 이유로 공시 시점에 일시적으로 소속 외 근로자를 많이 사용한 경우, 정부 정책 사업 추진 중 기간제 근로자를 사용한 경우 등에는 그 사유를 '특기사항'에 입력하면 된다.

2) 소속 외 근로자의 주요 업무내용

해당 사업장에서 소속 외 근로자가 수행하는 주요 업무를 기재하되, 소속 외 근로자가 소속된 사업체(법인)가 여러 개인 경우에는 주요 업체 소속근로자의 대표적인 주요 업무를 모두 공시해야 한다. 업무는 한국고용직업분류(중분류)를 참고하여 기재하면 된다.

예를 들어, A기업이 B기업과 '전산장비유지보수 계약'을 체결한 경우, 소속 외 근로자가 수행하는 주요업무 내용을 '83. 전기 · 전자설치 · 정비 · 생산직'으로 입력하면 된다.

(4) 공시방법 및 기한

매년 4월 30일까지 고용노동부장관이 운영하는 '고용안정정보망(워크넷)'에 근로자의 고용형태 현황 정보를 입력해야 한다.

Ⅱ. 세무관리 주요 업무

1. 2026년 1기예정 부가가치세 예정신고 납부(25일)

(1) 주요내용

사업자 유형별로 1기 부가가치세 예정신고·납부 절차를 정리하면 다음과 같다.

1) 법인사업자

구분	계속사업자	신규사업자	예정신고·납부기한
제1기 예정신고기간	1월 1일 ~3월 31일	사업개시일 ~3월 31일	4월 25일까지

직전 과세기간 공급가액의 합계액이 1억 5천만원 미만인 법인사업자는 직전 과세기간에 대한 납부세액의 50%로 결정하여 고지·납부함으로써 예정신고를 갈음할 수 있다.

2) 개인사업자

개인사업자는 직전 과세기간에 대한 납부세액[11)]의 1/2에 상당

11) 직전과세기간에 대한 납부세액은 신용카드매출전표 등 발행세액공제, 전자세금계산서 발급 세액공제 등을 차감하고 가산세가 있는 경우 이를 가산한 금액으로 한다.

하는 금액을 예정고지세액으로 결정하여 납부하고 예정신고를 하지 않는 것이 원칙이며, 환급 등으로 직전 과세기간에 납부세액이 없거나 예정신고 기간의 신규 사업자의 경우 예정신고 없이 확정신고를 하면 된다.

(2) 유의사항

개인사업자와 예정고지 대상 법인사업자의 경우, 예정고지세액이 50만원 미만인 경우 징수 하지 않으며 사업부진 또는 휴업으로 인하여 예정신고기간의 공급가액 또는 납부세액이 직전과세기간의 공급가액 또는 납부세액의 1/3에 미달하거나 예정신고기간분에 대해 조기환급을 받고자 하는 경우에는 예정고지세액을 무시하고 예정신고를 할 수 있다.

또한, 예정신고시 일반 미환급세액은 환급하지 않고 확정신고시 납부할 세액에서 공제함을 유의해야 한다.

5월 노무 / 세무 주요 업무

◦ 노동절 노무관리 유의사항 [노무]

◦ 2025년 귀속 종합소득세 확정신고 납부 [세무]
◦ 2025년 귀속 양도소득세 확정신고 납부 [세무]

Ⅰ. 노동절 노무관리 유의사항

1963년 「근로자의 날 제정에 관한 법률」이 제정되면서 5월 1일은 '근로자의 날'로서 유급휴일로 인정되어왔다. 2026년부터는 이 법과 휴일의 명칭이 각각 「노동절 제정에 관한 법률」과 '노동절'로 변경되었다. 명칭만 변경되었을 뿐, 유급휴일이라는 점은 동일하기 때문에 노무관리 측면에서 유의해야 할 사항이 달라진 것은 아니다.

유급휴일은 '근로자가 일하지 않아도 임금을 부여받으며 쉴 수 있는 날'이다. 따라서 노동절과 관련하여 실무자는 주로 ① 노동절에 대한 임금을 어떻게 지급해야 하는지, ② 노동절이 다른 휴일과 중복된 경우 추가로 휴일을 부여해야 하는지 또는 노동절에 근무하도록 하고 다른 날을 휴일로 부여할 수 있는지 등을 궁금해 할 것이다. ③ 이와 더불어 '노동절'로 명칭이 변경되면서 '근로자의 날'이라는 용어를 사용하던 취업규칙을 변경해야 하는지와 취업규칙 변경과 관련한 절차를 따라야 하는지도 함께 고민해 볼 수 있다.

1. 노동절과 임금

(1) 월급제 및 일급·시급제

노동절은 주휴일, 공휴일과 함께 근로기준법에 따른 '유급휴일'이므로 실제 근무를 하지 않더라도 소정근로시간에 대한 임금(1일분의 임금)을 지급해야 한다. 다만, 월급제 근로자의 경우 유급휴일을 고려하여 1개월 단위로 임금을 책정·지급하고 있다는 점에서 노동절에 대한 임금을 추가로 지급할 필요는 없다. 그러나 근무일 또는 근무시간 단위로 임금을 책정·지급하는 일급제 및 시급제 근로자에게는 유급휴일에 대한 임금을 추가로 지급해야 한다.

참고 행정해석 : 근로기준과-2116, 2004.4.29.

- 매월 고정적인 임금을 지급받는 월급제 근로자에게는 당해 월의 소정근로일수나 유급휴일수 또는 근로자의 날이 월요일에서 일요일 사이의 어느 날에 속하는지에 관계없이 소정의 월급금액을 지급하면 될 것임
- 1일 단위 또는 시간 단위로 임금을 계산·지급하는 일급제 또는 시급제 근로자에게는 당해 사업(장)의 통상의 1일 근로를 제공하였을 때 지급해야 할 임금을 지급하고 휴일을 부여해야 할 것임

두 번째로, 근로자가 노동절에 근로하는 경우 이는 휴일근로에 해당하기 때문에 그날의 근로시간에 대한 임금은 통상임금의 50% 이상을 가산(8시간을 초과한 시간에 대하여는 100% 이상 가산)하

여 지급해야 한다. 즉, 근로자가 노동절에 8시간을 근무했다면 근로시간에 대한 임금 100%와 휴일근로에 대한 가산임금 50%를 더해 총 150%의 임금을 지급해야 한다.[12] 만약 시급제 또는 일급제 근로자라면 노동절에 근무하지 않더라도 지급해야 하는 임금(100%)을 함께 지급해야 하므로 총 250%를 지급해야 한다는 것에 유의해야 한다.

참고 근로자의 날에 근무하는 경우 지급해야 하는 임금
(5인 이상 사업장, 휴일 8시간 근로 기준)

구분	근무하지 않아도 지급하는 임금	근무하는 경우 지급하는 임금		계
		근로시간에 대한 임금	가산 임금	
월급제	월급여에 포함	100%	50%	150%
시급·일급제	100%	100%	50%	250%

(2) 기타 고용형태

1) 교대제 근무자

교대제 근무자가 노동절 전날 근무하게 되면 노동절 당일까지 일정시간 근무하게 되는데, 이는 전날의 근무가 연장된 것으로 보아 휴일근로수당 지급의무가 없다.

12) 상시근로자 수 5인 미만 사업장의 경우 연장·야간·휴일근로에 대한 가산임금은 적용되지 않으므로 근로시간에 대한 임금(100%)만 지급할 수 있다.

참고 행정해석 : 근로개선정책과-4304, 2012.8.25.

격일제 근로자가 주휴일 전일에 근로를 개시하여 역일상 휴일까지 근로하였더라도 이를 전일의 근로로 보아 휴일근로수당을 지급치 않아도 무방할 것임. 따라서, 격일제 근로자가 '근로자의 날' 전일에 근로를 개시하여 익일까지 근로를 하였더라도 그 익일의 사업시작 이전까지는 전일 근로의 연장으로 보아 휴일근로수당을 지급하지 않아도 무방할 것임.

2) 일용직 근로자

1일 단위로 근로관계가 체결되고 해지되는 근로자 즉, 일용근로자의 경우 노동절을 포함한 법정 휴일이 적용되지 않기 때문에 노동절이 적용되지 않는다. 그러나 형식상 일용근로계약을 반복적으로 체결하면서 계속 근로를 제공하고 있는 것으로 인정될 수 있는 경우라면 노동절을 유급휴일로 부여해야 한다.

참고 행정해석 : 근로개선정책과-6257, 2014.11.12.

근로의 제공 없이도 근로자에게 임금을 지급하도록 한 유급휴일의 특별규정이 적용되기 위해서는 평상적인 근로관계, 즉 근로자가 근로를 제공해 왔고 또한 계속적 근로제공이 예정되어 있는 상태가 전제되어 있다(대법 2009.12.24, 2007다73277 등 판결참조). 따라서 근로자의 날은 평상적인 근로관계를 전제로 근로계약 기간 내에 있어야 유급휴일로 될 수 있는 바, 일일단위로 근로계약이 체결되는 일용근로자의 경우 원칙적으로 유급휴일 부여문제가 발생하지 않는다 할 것이다. 다만 근로계약을 반복 갱신해 근로자의 날을 전후해 계속 근로한 것으로 인정될 수 있는 경우라면 그 기간 내 포함된 근로자의 날에 대해서는 유급휴일을 부여해야 할 것이므로(근기 68207-2505, 2001.8.6. 참조), 이에 대해서는 근로계약 및 근로실태 등에 대한 구체적 사실관계를 검토해 판단해야 할 것으로 사료됩니다.

3) 주 15시간 미만 근로자

근로기준법 제18조(단시간근로자의 근로조건) 제3항에 따라 '1주 동안의 소정근로시간이 15시간 미만인 근로자'에 대하여는 주휴일과 법정공휴일이 적용되지 않는다. 그러나 노동절까지 적용이 제외되는 것은 아니므로 노동절은 유급휴일로 부여해야 한다.

참고 행정해석 : 근로기준정책과-4361, 2015.9.10.

「근로기준법」 제18조제3항은 1주 소정근로시간이 15시간 미만인 단시간근로자에 대하여 같은 법 제55조의 주휴일 적용을 제외하는 것으로서 근로자의 날 적용을 배제하는 것으로 보기는 어려움. 따라서 단시간근로자의 경우에도 근로자의 날이 근로계약 기간 내에 있는 경우 유급휴일이 보장되어야 할 것임.

4) 감시·단속적 근로자

감시·단속적인 근로에 종사하는 자로서 고용노동부장관의 승인을 받은 자는 근로기준법 제4장 및 제5장에서 정한 근로시간, 휴일·휴게에 관한 규정이 적용되지 않는다. 그러나 노동절은 「노동절 제정에 관한 법률」에 따라 특정일이 유급휴일로 규정된 날이므로 감시·단속적 근로자라 하더라도 유급휴일로 부여해야 한다.

참고 행정해석 : 근기 68207-930, 1994.6.9.

근로자의 날은 "근로자의 날 제정에 관한 법률"에 의해 유급휴일로 특정되어 있으므로 근로기준법 제63조에 의하여 적용이 배제되는 휴일에는 포함되지 아니하므로 근로자의 날에 근로를 하였을 경우에는 근로기준법 제56조에 의한 임금을 지급하여야 함.

2. 노동절과 다른 휴일과의 관계

(1) 노동절이 다른 휴일과 중복되는 경우

노동절이 주휴일이나 공휴일과 중복되는 경우, 취업규칙이나 단체협약 등에 특별한 규정이 없는 한 추가의 휴일을 부여하지 않아도 된다.

참고 행정해석 : 근로기준과-4267, 2005.8.17.

유급휴일과 주휴일이 중복될 경우 취업규칙 또는 단체협약 등에 별도의 정함이 없는 한 근로자에게 유리한 하나의 휴일만 인정하면 될 것이며, 근로자의 날은 「근로자의 날 제정에 관한 법률」에 의하여 소정근로일의 개근여부와 관계없이 부여되는 유급휴일이므로 근로자의 날과 주휴가 중복될 경우 1주간의 소정 근로일을 개근하지 못한 근로자에 대해서는 근로자의 날인 유급휴일이 부여되어야 할 것임

(2) 노동절에 근무하도록 하고 다른 날을 휴일로 부여하는 경우

근로기준법에서는 근로자대표와의 서면합의가 있는 경우 휴일 대체제도(공휴일에 근무하도록 하고 다른 근무일을 휴일로 부여하는 제도, 이 경우 공휴일은 근무일로 대체되었으므로 휴일근로수당 지급의무가 없음)와 보상휴가제도(휴일근로수당을 지급하는 대신 휴가를 부여하는 제도)를 운영할 수 있도록 정하고 있다. 다만 실무자는 이 제도를 오해하여 잘못 활용하는 경우가 있으므로 유의해야 한다.

근로기준법은 휴일대체제도의 대상으로 「관공서의 공휴일에 관한 규정」에 따른 공휴일 및 대체공휴일로 한정하여 규정하고 있다. 따라서, 노동절은 적용 대상이 되지 않는다. 즉, 노동절은 근로자대표와의 서면합의나 근로자 개인의 동의가 있었다 하더라도 다른 근로일과 대체할 수 없기 때문에 노동절에 근무했다면 반드시 휴일근로수당을 지급해야 한다.

5월 노무·세무

참고 행정해석 : 근로기준과-894, 2004.2.20.

'근로자의 날'은 법률로서 특정한 날을 유급휴일로 정하고 있으므로 다른 날로 대체할 수 없으며, 다른 날로 대체하였더라도 근로자의 날에 근로한 경우에는 근로기준법 제55조에 의한 휴일근로수당을 지급하여야 한다고 사료됨.

한편, 보상휴가제도를 운영하는 회사에서 노동절에 근무한 경우 다른 날을 휴일로 부여하는 경우가 있다. 이 때 노동절에 근무한 시간만큼만 휴일을 부여하는 실수를 하지 않도록 유의할 필요가 있다. 보상휴가를 부여할 때에는 가산율을 반영한 시간만큼 휴일을 부여해야 하기 때문이다. 예컨대, 노동절에 8시간을 근무한 경우 가산수당 지급률을 고려하여 1.5배인 12시간을 부여해야 한다.

참고 행정해석 : 임금근로시간정책팀-2363, 2007.7.13.

'보상휴가제에 대하여는 근로기준법 제57조에서 근로자대표와의 서면합의에 따라 제56조에 따른 연장근로·야간근로 및 휴일근로에 대하여 임금을 지급하는 것에 갈음하여 휴가를 줄 수 있도록 규정하고 있고, 같은 법 제56조의 규정에 따라 가산수당을 지급하여야 하는 '휴일근로'에는 주휴일 뿐만 아니라 「근로자의 날 제정에 관한 법률」에서 규정하고 있는 '근로자의 날'도 포함되는 것으로 보아야 하므로 근로자의 날에 근로한 것에 대하여는 임금(가산수당 포함)을 지급하는 것에 갈음하여 동등한 가치의 휴가를 부여할 수 있다 할 것임.

3. '노동절'로의 명칭 변경에 따른 취업규칙 변경

'근로자의 날'이라는 명칭이 '노동절'로 변경되었으나 유급휴일 부여 등 그 본질적 속성은 변경된 것이 아니라는 점에서 반드시 취업규칙이나 근로계약서 등을 변경할 필요는 없다. 그러나 실무자 또는 해당 문서를 접하는 근로자의 혼동을 피하기 위해서는 가급적 변경하는 것이 바람직하다.

한편, 근로기준법 제94조는 취업규칙을 변경할 때 근로자 과반(또는 과반 노동조합)의 의견을 청취(불리한 변경일 경우 동의) 하도록 정하고 있으나, 단순히 노동절이라는 용어의 변경일 뿐이라는 점에서 의견청취 절차를 거치지 않고 변경한다 하더라도 법적으로 문제되지는 않는다.

Ⅱ. 세무관리 주요 업무

1. 2025년 귀속 종합소득세 확정신고 납부(31일)

(1) 주요내용

2025년도에 사업소득(부동산임대소득 포함)이 있거나 종합소득이 있는 거주자는 그 종합소득 과세표준을 그 과세기간의 다음 연도 5월 1일부터 5월 31일까지 신고·납부하여야 하며, 종합소득세 계산구조를 요약하면 다음과 같다.

계산구조		내용
종합소득금액		◦ 이자·배당, 사업,근로, 기타, 연금소득
소득공제 계		◦ 인적공제, 연금보험료공제 등
과세표준		
세율		◦ 과세표준 구간별 6%~45%
산출세액		
세액감면·공제		◦ 「소득세법」과 「조세특례제한법」에 규정
결정세액	종합과세	
	분리과세	◦ 분리과세 주택임대소득
가산세		◦ 지급명세서 제출불성실 가산세, 무기장 가산세 등
추가납부세액		◦ 세액감면·공제 사후관리에 따른 추가납부 등
기납부세액		◦ 중간예납세액 ◦ 수시부과세액 ◦ 원천징수세액
납부(환급)할 세액		

(2) 세무관리 유의사항

① 다음의 소득만 있는 자는 종합소득세 확정신고를 하지 않을 수 있다.

- 근로소득 또는 퇴직소득만 있는 자
- 공적연금소득 또는 퇴직소득만 있는 자
- 연말정산 대상 사업소득만 있는 자
- 분리과세 이자·배당소득, 분리과세 기타소득, 분리과세 연금소득만 있는 자

② 사업소득자의 경우, 업종별로 수입금액 기준에 따라 다음의 표와 같이 기장의무와 추계신고 시 경비율 적용여부가 달라지게 된다.

직전연도 사업소득 수입금액	장부신고자		추계신고자	
업종	복식부기 의무자	간편장부 대상자	기준경비율 대상자	단순경비율 대상자
농업, 도소매업, 부동산매매업 등	6천만원 이상	6천만원 미만	3억원 이상	3억원 미만
제조업, 숙박 음식점업, 건설업, 주거용건물공급업, 금융 및 보험업 등	3천 6백만원 이상	3천 6백만원 미만	1억 5천만원 이상	1억 5천만원 미만
부동산임대업, 전문과학 및 기술서비스업, 기타 개인서비스업 등	2천 4백만원 이상	2천 4백만원 미만	7천 5백만원 이상	7천 5백만원 미만

반면에, 해당 과세기간에 신규사업자의 경우 단순경비율과 간편장부를 적용받을 수 있지만, 신규사업자라도 해당연도 수입금액이 복식부기 기준 수입금액 이상인 경우 기준경비율을 적용하며 의료업, 변호사업 등 전문직 사업자는 수입금액과 무관하게 복식부기 의무자임을 유의하여야 한다.

또한, 추계신고시에는 무기장 가산세가 적용되나, 해당 과세기간에 신규사업자이거나 직전 과세기간의 사업소득 수입금액이 4천800만원에 미달하는 사업자는 가산세 적용이 제외된다.

둘 이상의 사업장이 있는 경우 기준 수입금액 판단은 주업종 기준 수입금액으로 환산하여 판단하도록 규정하고 있으며, 간편장부대상자가 복식부기로 제무제표를 작성하여 신고하는 경우 기장세액공제를 받을 수 있다.

주택임대소득은 연간 수입금액이 2천만원 이하일 경우 분리과세(14%) 하는 방법과 종합과세 하는 방법 중 선택하여 신고할 수 있으며, 주택임대소득 외의 소득규모가 적거나 인적공제 대상 부양가족이 많을 경우 종합과세 하는 방법을 선택하면 세부담이 크게 절감되는 경우가 있으니, 꼭 비교하여 유리한 방법으로 신고하길 바란다.

이처럼 종합소득세는 신고유형별로 다양한 전략을 통해 절세 수립이 가능한 세목임을 기억해두길 바란다.

2. 2025년 귀속 양도소득세 확정신고 납부(31일)

(1) 주요내용

소득종류	법정 확정신고기한
[1그룹] 토지, 건물, 부동산에 관한 권리, 기타 자산	양도일이 속하는 연도의 다음연도 5.1~5.31일까지
[2그룹] 주식 또는 출자지분(국내&해외)	
[3그룹] 파생상품 양도소득	
[4그룹] 신탁수익권	

5월 노무·세무

(2) 세무관리 유의사항

양도소득금액은 위의 그룹별로 구분하여 계산하며 그룹별 양도차손은 다른 그룹의 양도소득금액과 합산하지 않는다. 또한, 특정 그룹에서 발생한 양도차손은 다음의 순서에 따라 동일한 그룹 내의 다른 자산의 양도소득금액에서 순차적으로 통산하게 된다.

- [1차 통산] 양도차손이 발생한 자산과 같은 세율을 적용받는 자산의 양도소득금액
- [2차 통산] 양도차손이 발생한 자산과 다른 세율을 적용받는 자산의 양도소득금액

양도소득세는 역년 단위로 구분하여 계산되며 통산되지 않은 양도차손은 다음연도로 이월되지 않고 소멸 되므로 양도차익이 큰 자산을 양도할 때 양도차손이 발생하는 자산을 같은 연도에 양도하

여 양도소득금액을 통산함으로써 세부담을 크게 줄일 수 있다.

1건의 양도소득만 있는 자가 예정신고를 마친 경우에는 확정신고 의무가 없으나, 해당연도에 부동산 등을 여러 건 양도한 경우에는 확정신고를 하여야 한다.

주식 등의 경우 예정신고를 한 경우 확정신고 의무는 없으나, 다음의 경우는 확정신고 의무가 있음에 유의해야 한다.

① 누진세율 적용대상 주식 등에 대한 예정신고를 2회 이상 한 자가 이미 신고한 양도소득금액과 합산하여 예정신고를 하지 아니한 경우

② 주식 등을 2회 이상 양도한 경우로서 양도소득 기본공제의 적용순위로 인하여 당초 신고한 양도소득 산출세액이 달라지는 경우

6월

노무 / 세무 주요 업무

◦ 노사협의회 진행상황 중간 점검 [노무]

◦ 원천세 반기별 납부 신청기한 [세무]

◦ 2025년 귀속 성실신고확인대상 사업자 종합소득세 확정신고 납부 [세무]

Ⅰ. 노사협의회 진행상황 중간 점검

「근로자참여 및 협력증진에 관한 법률」은 상시 근로자 수가 30인 이상인 경우 노사협의회를 설치하고 3개월마다 정기적으로 회의를 개최하도록 하면서, 정기회의를 개최하지 않은 경우 200만원 이하의 과태료를 부과하고 있다. 노사협의회 설치 및 정기회의 개최 의무를 준수하고 있는지는 근로감독 시 필수적으로 점검하는 영역에 해당하기 때문에 인사노무담당자의 특별한 관심이 필요하다.

1. 노사협의회 설치 의무 사업장

노사협의회 설치 의무가 발생하는 '상시근로자 30명'에 포함되는 근로자는 근로기준법상 근로자로서 대표이사 및 임원을 제외한 정규직, 계약직 등 회사가 직접고용한 근로자는 모두 포함된다. 직접 고용 근로자만을 대상으로 하기 때문에 파견, 도급 간접고용 인원은 제외된다. 본사·지점 등 여러 개의 사업장이 있는 경우에도 전체 근로자 수가 30명 이상이면 노사협의회를 설치해야 한다.

2. 노사협의회 관련 필수적으로 준수해야 하는 사항

(1) 근로자위원 및 사용자위원 구성

노사협의회는 근로자위원과 사용자위원 각각 3명 이상 10명 이하의 범위에서 동수로 구성해야 한다. 근로자위원은 근로자 과반수가 참여하는 직접·비밀·무기명 투표로 선출(과반수 노동조합이 있는 경우 그 노동조합의 대표자와 노동조합이 위촉)하고, 사용자위원은 사업 또는 사업장의 대표자와 그 대표자가 위촉하는 자로 구성한다.

근로자위원을 선출 방식과 관련하여 최근에는 모바일 및 온라인 등 전자투표 방식을 활용하는 경우가 많다. 이러한 경우에도 직접·비밀·무기명 투표의 원칙은 지켜져야 한다. 따라서, 전산기록 등으로 누가 누구에게 투표를 하였는지 등을 확인할 수 있는 방식은 허용되지 않으니 유의해야 한다.

참고 행정해석 : 노사협력정책과-1362, 2009.4.16.

'직접' 투표의 원칙은 대리인이 아닌 투표권자 본인이 직접 투표하여야 한다는 것이고, '비밀' 투표 원칙은 투표자의 투표내용이 개표 전까지는 어느 누구에게도 알려지지 말아야 한다는 것이며, '무기명'이라 함은 누가 누구에게 투표하였는지 알 수 있게 하여서는 안 된다는 것임. 따라서 전자투표를 실시하고자 하는 경우에도 위 원칙이 모두 준수되어야 함은 물론, 노사가 사전에 투표방법 및 전자투표에 사용될 기술체계에 대해 동의한다면 귀 질의와 같이 전자투표에 의한 근로자위원 선출이 가능함.

한편, 이미 선출된 근로자위원의 퇴사 등으로 결원이 발생하는 경우 30일 이내 보궐위원을 선출해야 한다. 다만, 기존에 근로자위원을 선출할 때 입후보하였으나 득표수에 따라 선출되지 못한 사람 중 차점자를 근로자위원으로 정할 수 있고 이러한 내용을 노사협의회 규정 내 반영해 두는 것이 좋다.

(2) 협의회규정의 작성 및 신고

근로자참여법은 노사협의회 규정을 제정하거나 변경할 경우 노사협의회 의결을 거치도록 하고 있다. 따라서 최초로 노사협의회를 설치하는 경우에는 노사 각 위원 구성 후 회의를 개최하여 그 의결로써 협의회규정을 제정하는 것이 바람직하다. 협의회규정은 근로자참여법을 위반하여 작성할 수 없다. 예컨대, 노사협의회 위원의 임기를 3년 미만으로 정한다거나, 의결정족수의 요건을 갖추지 못하였다거나, 과반수 노조가 아님에도 노동조합에서 근로자위원을 위촉하도록 한다는 등의 내용들은 모두 법적효력을 갖지 못하게 된다. 따라서, 근로자참여법을 참고하여 법에서 정한 기준 이내에서 노사협의회를 통해 규정의 내용을 확정하는 것이 필요하다.

협의회규정이 제정되었다면 그 날로부터 15일 이내에 고용노동부장관에게 제출해야 한다. 협의회 규정이 변경된 경우에도 동일하다.

(3) 정기회의 개최

노사협의회는 '3개월마다 정기적으로' 개최해야 한다. 따라서 직전 회의 후 다음 회의의 개최 시기가 3개월을 초과하지 않도록 관리할 필요가 있다. 다만, 현실적으로는 정확히 3개월을 준수하며 회의를 개최하는 것이 어렵고, 근로감독 시에도 회의 개최 사실만을 확인할 뿐 회의의 간격을 문제 삼는 경우가 거의 없으므로 회사 상황에 맞게 매 분기 실시 등 3개월의 간격을 어느 정도 유지하면서 운영하는 것으로 관리할 수 있다.

간혹 노사협의회 위원의 퇴사 등으로 결원이 발생하거나 협의의 안건이 없다는 이유로 노사협의회를 개최하지 않는 경우가 있는데, 법원은 노사협의회 정기회의를 개최하는 것은 반드시 이행해야 하는 강행규정이라는 점을 확인한 바 있다. 따라서 담당자는 ▲회의 일정을 사전에 계획하여 노사 각 위원에게 공유하고 ▲근로자위원들에게 직원들이 가지고 있는 불만이나 개선이 필요한 사항 등이 무엇인지를 청취하도록 하여 회의의 안건으로 상정, 실질적인 회의가 이루어질 수 있도록 하며, ▲특별히 회의에 상정할 안건이 없다 하더라도 회의를 개최하여 분기별 경영실적을 공유하고 노사 간 의견을 교환할 수 있도록 운영하는 것이 필요하다.

참고 대법 2025.5.1, 2025도2059

> 근로자참여법의 관련 규정과 노사협의회가 근로자와 사용자의 참여와 협력을 통하여 근로자의 복지증진과 기업의 건전한 발전을 도모하기 위한 상시적 협의기구라는 점을 고려하면, 노사협의회는 근로자참여법 제20조 제1항, 제21조의 '협의 사항', '의결 사항' 등에 관한 구체적 안건이 존재하는지 여부와 관계없이 근로자참여법 제12조 제1항에 따라 3개월마다 정기적으로 '정기회의'를 개최하여야 하고, 사용자는 '정기회의'에 '경영계획 전반 및 실적에 관한 사항, 분기별 생산계획과 실적에 관한 사항, 인력계획에 관한 사항, 기업의 경제적·재정적 상황'을 성실하게 보고하거나 설명하여야 한다고 봄이 타당하다.

(4) 회의록 작성

근로자참여법 따라 노사협의회의 개최일시 및 장소, 출석위원, 협의내용 및 의결된 사항 등을 기록한 회의록을 작성하여 갖추어 두어야 한다. 근로감독 시에는 이 회의록이 작성되었는지를 기준으로 정기회의 개최 여부를 판단하고 있으므로 이를 대비하여 회의록을 작성하고, 회의록에는 회의에 참석한 위원들의 서명을 받아둘 필요가 있다.

(5) 고충처리위원의 선임 및 고충처리대장 작성

근로자참여법에서는 30인 이상의 사업 또는 사업장에는 근로자의 고충을 청취하고 이를 처리하기 위하여 노사를 대표하는 3명 이내의 고충처리위원을 두도록 정하고 있다. 노사협의회가 있는 사업장에서는 노사협의회 위원 중에서 선임하도록 하고 있는데, 실무적으로는 노사협의회 근로자위원과 사용자위원 중 각1명을 정하여 선임하는 경우가 많다.

또한 근로자참여법에 따라 고충처리위원은 근로자로부터 고충을 청취한 경우 10일 이내에 조치사항과 그 밖의 처리결과를 해당 근로자에게 통보하여야 하고, 고충사항의 접수 및 그 처리에 관한 대장을 작성하고 1년간 보존하여야 한다. 근로감독 시 고충처리 대장이 구비되어 있는지를 확인하기 때문에 이를 놓치지 않도록 해야 한다.

3. 기타 노사협의회 관련 주요 판례 및 행정해석

(1) 근로자 또는 사용자위원이 선출되지 않아 정기회의를 개최하지 않는 경우 법 위반에 해당하는지

간혹 근로자위원이 되기를 자원하는 구성원이 없거나, 기존 근로자위원이 퇴직하여 정기회의를 개최하지 못하는 경우가 있어 실무적으로 곤혹스러운 경우가 있다. 노동부는 근로자위원이 선출될 수 있는 노력을 다하는 등 그 귀책사유가 사용자에게 없다면 법 위반에 해당하지 않는다는 입장이다. 반대로, 사용자 위원은 '사업장의 대표자와 그 대표자가 위촉하는 자'가 되기 때문에 근로자 위원을 선출할 수 없었던 사정과 달리 대체로 사용자의 귀책사유가 인정될 가능성이 높으니 유의해야 한다.

참고 노사협력복지팀-1710, 2007.6.1.

근로자위원의 선출이 곤란할 경우에 사내게시·공고 등의 방법으로 노사협의회의 필요성과 근로자들이 자율적으로 근로자위원을 선출해야 함을 알려줘야 한다. 근로자위원이 선출되지 못하는 등 사용자의 책임으로 볼 수 없는 사유로 회의를 개최하지 못하는 경우라면 사용자가 노사협의회 정기회의 개최의무를 이행하지 않은 것으로 보기는 어려울 것이다.

(2) 정족수를 채우지 못한 상태에서 정기회의를 개최하는 것도 인정될 수 있는지

근로자참여법 제15조에서 정기회의는 근로자위원과 사용자위원 각 과반수의 참석으로 개최하도록 정하고 있다. 그러나 간혹 회의 당일 회사나 위원들의 개인적인 사정 등으로 노·사 어느 일방의 참석 인원이 과반수에 미치지 못한 상태에서 회의를 개최하는 경우도 있는데, 이 경우 정기회의가 유효하게 개최된 것으로 보지 않으므로 유의할 필요가 있다.

참고 노사협력복지팀-1710, 2007.6.1.

「근로자참여 및 협력증진에 관한 법률」(이하 "근참법"이라 한다)상 정족수를 정한 것은 노사 한쪽의 일방적인 회의진행을 막기 위한 것으로 노사 어느 일방의 출석위원이 과반수가 안 될 경우에는 출석위원 총수가 전체 과반수라 할지라도 회의는 성립되지 않는 것임. 따라서 귀 질의내용과 같이 노사협의회 위원 중 어느 일방이 과반수 출석이 되지 않은 상태에서 회의를 개최하고 의결한 경우라면 적법한 절차에 따라 개의하고 의결한 것으로 보기 어려울 것으로 판단됨.

6월 노무·세무

(3) 노사협의회 위원이 회의에 직접 참석하지 못하는 사정이 발생한 경우, 위원들에게 안건을 메일로 공유하고 서명을 받는 형태로 운영하는 것도 가능한지

재택근무나 외부일정 등으로 위원들이 한 자리에 모이기 어려운 경우 정기회의 개최 의무 이행을 위해 메일로라도 안건을 공유하고 서명을 받는 형태로 운영하는 사례가 종종 있다. 그러나 노동부는 이러한 방식은 유효하지 않고 노・사위원이 직접 출석하는 회의방식으로 운영되어야 한다는 입장이다.

참고 노사협력정책과-2644, 2009.7.13.

「근로자참여 및 협력증진에 관한 법률」 제3조에 노사협의회는 '근로자와 사용자가 참여와 협력을 통하여 근로자의 복지증진과 기업의 건전한 발전을 도모하기 위하여 구성하는 협의기구'로 정하고 있고, 같은 법 제16조에 노사협의회 회의를 공개하도록 정하고 있음을 볼 때 노사협의회 회의는 노・사위원의 직접 참여를 전제로 하고 있다고 보여 지는 점, 같은 법 제13조에 노사협의회의 회의는 의장이 소집하며 회의개최 7일전에 회의일시, 장소, 의제를 각 위원에게 통보하도록 되어 있고, 같은 법 제15조에 회의는 노・사위원 각 과반수의 출석으로 개최하고 출석위원 3분의 2 이상의 찬성으로 의결하도록 회의의 소집・개최・의결 요건을 정하고 있는 점, 같은 법 제19조에 회의 개최일시 및 장소 등을 기록한 회의록을 갖추어 두도록 정하고 있는 점 등을 감안하여 볼 때 노사협의회 회의는 노・사위원이 출석하는 회의로 개최하는 것이 원칙이라고 판단됨.

Ⅱ. 세무관리 주요 업무

1. 원천세 반기별 납부 신청기한(30일)

(1) 주요내용

직전연도(신규사업자의 경우 신청일이 속하는 반기를 말한다.)의 상시고용인원이 20명 이하인 원천징수의무자는 반기별로 납부하고자 하는 반기의 직전월의 1일부터 말일까지 원천징수 관할세무서장에게 신청할 수 있으며, 관할세무서장은 다음 달 말일까지 승인 여부를 결정하여 통지하여야 한다. 이 경우 기한 내에 승인 여부를 통지받지 못한 경우에는 승인 받은 것으로 간주한다.

6월 노무·세무

2. 2025년 귀속 성실신고확인대상 사업자 종합소득세 확정신고 납부(30일)

(1) 대상자의 범위

업종	해당연도 사업소득 수입금액
농업, 도소매업, 부동산매매업 등	15억원 이상
제조업, 숙박 음식점업, 건설업, 주거용건물공급업, 금융 및 보험업 등	7억 5천만원 이상
부동산임대업, 전문과학 및 기술서비스업, 기타 개인서비스업 등	5억원 이상

(2) 성실신고확인의 세제혜택

납세자와 세무대리인의 많은 납세협력비용이 발생하는 성실신고 확인에 대한 반대급부로 「소득세법」과 「조세특례제한법」에는 크게 다음의 3가지 세제혜택을 규정하고 있다.

1) 종합소득세 확정신고 납부기한의 연장

성실신고 확인대상 사업자의 경우 다음연도 6월30일까지로 확정신고 납부기한이 1개월 연장된다.

2) 성실사업자에 대한 의료비, 교육비, 월세액 세액공제

성실신고 확인대상 사업자의 경우 원칙상 근로소득자만 적용 가능한 공제제도인 의료비,교육비,월세액 세액공제를 받을 수 있다.

단, 월세액 세액공제의 경우 종합소득금액 7,000만원 이하자만 적용받을 수 있어 실무적으로 적용되는 사례는 드문 편이다.

3) 성실신고 확인비용에 대한 세액공제

성실신고에 직접 소요된 비용의 60%를 120만원 범위에서 공제해준다.

7월
노무 / 세무
주요 업무

- 연차휴가 사용촉진조치 1차 실시 [노무]

- 2026.1기 부가가치세 확정신고 납부 [세무]
- 근로소득 간이지급명세서 제출 [세무]

I. 연차휴가 사용촉진조치 1차 실시

연차휴가 사용촉진제도란 사용자가 근로자에게 연차휴가의 사용을 적극적으로 장려하였음에도 근로자가 기간 내에 이를 사용하지 않은 경우, 미사용 연차휴가에 대한 사용자의 금전보상의무를 면제해주는 제도를 말한다.

회계연도를 기준으로 연차휴가를 부여하는 사업장이라면 적법한 연차휴가 사용촉진제도 운영을 위해서 매년 7월 초, 연차휴가의 사용촉진 조치를 해야 한다. 이하에서는 회계연도 사업장을 기준으로 이번 달에 이루어져야 하는 사용촉진 조치와 연차휴가 사용촉진제도 운영 시 유의사항에 대해 살펴보고자 한다.

1. 연차휴가 사용촉진제도 운영 원리

연차휴가 사용촉진제도는 ① 사용 연차휴가일수를 안내하고, 근로자에게 사용 시기를 지정하여 통보할 것을 서면으로 촉구한 다음, ② 연차휴가의 사용 시기를 통보하지 않은 근로자를 대상으로 사용자가 그 사용 시기를 임의로 지정하여 서면으로 통보하는 순서로 진행된다. 이때 유효한 사용촉진조치로 인정되기 위해서는 근로자가 연차휴가일로 지정된 날에 노무를 제공하지 못하도록 적극적으로 제재하여야 한다.

만일 근로기준법에 정한 시기, 절차, 방법과 노무수령 거부조치 중 어느 한 가지라도 준수하지 않는다면 적법한 연차휴가 사용촉진 조치로 인정될 수 없다.

2. 도입방법

근로기준법은 연차휴가 사용촉진제도 도입 절차에 관한 요건을 정한 바가 없다. 따라서 단체협약으로 사용촉진 조치를 금지하거나, 노사간의 합의 또는 협의를 실시 요건으로 두고 있는 등의 특별한 사정이 없다면 근로자의 동의 없이 근로기준법에 따라 도입·운영이 가능하다.[13)]

다만, 기존에 미사용 연차휴가에 대해 수당을 지급해 온 사업장이라면, 사전 예고없이 연차휴가 사용촉진제도를 시행할 경우 근로자의 반발이 발생할 우려가 있다. 따라서 실무적으로는 사전에 연차휴가 사용촉진제도의 도입·운영 및 그 효과에 대해 안내하여 불필요한 분쟁을 예방하는 것이 바람직하다.

13) 노동부 행정해석 근로기준과-5454, 2004.10.12. 참조

(1) 특정 집단 소속 근로자에게만 적용할 수 있는지 여부

직종 또는 근로형태 등을 고려하여 특정 집단 근로자에 대해서만 연차휴가 사용촉진제도를 적용하는 것도 가능하다.[14] 예를 들어, 사무직과 생산직이 직종별로 분리되어 있고, 생산직의 경우 교대근무 등 업무 특성상 연차휴가 사용촉진 제도 운영이 어려운 상황이라면, 사무직 근로자만을 대상으로 연차휴가 사용촉진제도를 운영하는 것이 가능하다.

(2) 미사용한 전체 연차휴가 중 일부에 대해서만 사용촉진 조치를 할 수 있는지 여부

연차휴가의 전체가 아니라 그 일부만을 대상으로 연차휴가 사용촉진 조치를 하는 것도 가능하다. 단 이 경우, 사용촉진 조치를 하지 않은 나머지 연차휴가에 대해서는 여전히 금전보상의무를 부담한다.

7월
노무·세무

3. 연차휴가 사용 촉진 범위

근로자에게 발생하는 연차휴가에 대해 사용촉진을 할 수 있다. 다만, 모든 휴가에 대해 촉진이 가능한 것은 아니며, 근로기준법에

14) 노동부 행정해석 근로기준과-407, 2004.1.26. 참조

서 정한 대상과 기간의 원칙을 준수해야 한다.

(1) 1년 미만의 계약기간을 정한 기간제 근로자에게 사용촉진을 할 수 있는지 여부

계속근로 1년 미만인 근로자에 대한 연차휴가 사용촉진 조치는 최초 1년의 근로가 끝나는 날을 기준으로 실시해야 한다. 따라서 1년 미만의 근로가 예정되어 있는 기간제 근로자에게는 연차휴가 사용촉진제도가 적용되지 않는다. 단, 예외적으로 근로계약이 갱신·연장되어 근로관계의 단절 없이 1년 이상의 근로가 예정되어 있는 경우라면 가능하다.

(2) 이월된 연차휴가에 대해 사용촉진을 할 수 있는지 여부

연차휴가 사용촉진 조치는 발생일로부터 1년이 되는 날(1년 미만 근로자의 경우에는 최초 1년의 근로가 끝나는 날)을 기준으로 실시하여야 한다. 이월된 연차휴가는 이미 사용기간이 종료된 휴가이므로 사용촉진조치를 하더라도 그에 대한 금전보상의무를 면제받을 수 없다.

(3) 중도입사자에게 2년차에 부여한 연차휴가에 대해 사용촉진을 할 수 있는지 여부

회계연도를 기준으로 연차휴가를 부여하는 사업장은 연도 중 입사한 근로자에게도 입사연도의 근속기간에 비례하여 그 다음연도 1월 1일에 연차휴가를 부여한다. 이러한 연차휴가는 근로기준법 제60조제1항에 따라 계속근로기간 1년 이상 근로자에게 부여하는 연차휴가에 해당하므로 연차휴가 사용촉진 조치가 가능하다.

참고 회계연도 기준 사업장 내 중도 입사자(2025.5.1.)에 대한 사용촉진 조치 예시

대상	발생시기	연차일수	회계연도 기준 촉진 가능 여부
계속근로 1년 미만	2025.5.1. ~2026.4.30.	11개	× (입사일 기준으로만 가능)
계속근로 1년 이상	2026.1.1.	10일 (15일×{245일[15]÷365일})	○

4. 미사용 연차휴가일수 통보 및 휴가사용계획서의 제출(1차 촉진) 시기

(1) 계속 근로한 기간이 1년 이상인 근로자

미사용 연차휴가일수를 안내하고, 그 사용 시기 지정을 촉구하는 조치는 연차휴가의 사용 기간이 끝나기 6개월 전을 기준으로 10일 이내에 해야 한다. 연차휴가 사용 기간을 1월 1일부터 12월 31

15) 2025.5.1.~2025.12.31.까지의 기간은 총 245일

일로 운영하는 회계연도 기준 사업장이라면, 매년 7월 1일부터 10일 이내에 촉진 조치를 마쳐야 한다.

(2) 계속 근로한 기간이 1년 미만인 근로자

계속 근로한 기간이 1년 미만인 근로자에게 발생한 연차휴가에 대해서는 최초 1년의 근로가 끝나기 3개월 전을 기준으로 10일 이내에 촉진 조치가 이루어져야 한다. 이때 1년 미만 근로자에 대한 연차휴가는 매 1개월을 개근한 이후에 발생하므로, 1년 미만 근로기간에 걸쳐 발생하는 최대 11일의 연차휴가에 대해 일률적으로 사용촉진 조치를 하는 것은 불가하다. 따라서 촉진 조치 이후 발생한 연차휴가 2일에 대해서는 최초 1년의 근로가 끝나기 1개월 전을 기준으로 5일 이내에 촉진 조치를 하면 된다.

이처럼 '최초 1년의 근로가 끝나는 날'을 기준으로 사용촉진 조치를 해야 하므로 1년 미만 근로자에 대해서는 회계연도를 기준 사용촉진 조치를 할 수 없다. 따라서 회계연도를 기준으로 연차휴가를 부여하고 있거나, 노무관리의 편의상 1년 미만 연차휴가의 사용기간을 입사한 다음 해의 말일까지로 연장하였더라도, 1년 미만 근로자에게 발생한 연차휴가에 대한 사용촉진은 근로자별 '최초 1년의 근로가 끝나기 3개월 전 10일 이내'에 이루어져야 효력이 인정된다.

참고 미사용 연차휴가일수 통보 및 휴가사용계획서 제출 촉구

구분		시기
계속근로 1년 이상 근로자		7.1. ~ 7.10. (회계연도 기준)
계속근로 1년 미만 근로자 (1월 1일 입사 가정)	먼저 발생한 연차휴가 (1.1. ~ 9.30.)	10.1. ~ 10.10.
	촉진 이후 발생한 연차휴가 (10.1.~12.31.)	12.1. ~ 12.5.

5. 연차휴가 사용촉진 조치 방법 : 서면 원칙

근로기준법 제61조에 따라 연차휴가의 사용촉진 조치는 '서면'으로 이루어지는 것이 원칙이다. 다만, 기안, 결재, 시행 등을 진행하고 있는 전자결재 시스템을 완비한 상태에서 근로자에게 도달여부가 명확히 확인된다면, 근태관리시스템 등 전자결재 시스템을 통한 촉구 또는 통지도 가능하다.[16)]

또한, 이메일에 의한 통보의 경우에도 근로자가 이를 수신하여 사용촉진에 대한 내용을 알고 있다면, 유효한 통보로 볼 수 있다.[17)] 근로자가 인지했는지를 명확히 하기 위해 이메일 회신 또는 별도 확인 절차 등을 운영할 수 있다.

16) 근로기준정책과-3801, 2017.6.20. 참조

17) 임금 근로시간과-335, 2022.12.2. / 대법 2015.9.10, 2015두41401 판결 참조

7월 노무·세무

한편 근태관리시스템을 통한 연차휴가 사용촉진 조치는 프로그램상 발송한 사용촉진 내역의 수신여부를 확인할 수 있거나, 직원들이 빠짐없이 미사용한 연차휴가의 사용시기를 정하여 통보하였다면, '서면'으로 하도록 한 근로기준법의 취지를 고려할 때 그 효력이 인정된다고 판단된다.

6. 연차휴가 사용 촉진 관련 Q&A

(1) 지정된 연차휴가의 사용일을 변경할 수 있는지 여부

연차휴가 사용촉진 조치에 따라 연차휴가의 사용 시기가 지정된 경우에는 그 시기를 변경할 수 없는 것이 원칙이다. 다만 근로자가 사용자의 동의를 얻은 경우에 한하여 그 사용시기를 변경할 수 있다.

한편, 회사는 근로자가 지정한 시기에 휴가를 주는 것이 사업운영에 막대한 지장[18)]이 있는 예외적인 경우에만 할 수 있다. 이때 사업운영에 막대한 지장이 있는지 여부는 사용자가 입증하여야 한

18) 서울고법 2019.4.4, 2018누57171 판결 "'사업 운영에 막대한 지장이 있는 경우'란 근로자가 지정한 시기에 휴가를 준다면 그 사업장의 업무 능률이나 성과가 평상시보다 현저하게 저하되어 상당한 영업상의 불이익을 가져올 것이 염려되거나 그러한 개연성이 엿보이는 사정이 있는 경우를 말한다. 이를 판단할 때에는 근로자가 담당하는 업무의 성질, 남은 근로자들의 업무량, 사용자의 대체 근로자 확보 여부, 다른 근로자들의 연차휴가 산정여부 등을 종합적으로 고려하여야 한다."

다. 실무적으로 법원은 연차휴가 시기변경권 행사 요건을 다소 엄격하게 보고 있기 때문에 단순히 남은 근로자들의 업무량이 증가한다거나, 인력이 부족하다는 등의 사유로는 그 정당성을 인정받기 어렵다.

(2) 연차휴가 사용일 이전에 퇴사한 경우 미사용 연차휴가에 대해 수당을 지급하지 않아도 되는지 여부

사용자가 근로기준법에 따라 연차휴가 사용촉진 조치를 하였더라도, 지정된 연차휴가 사용일 이전에 퇴사한 근로자에 대해서는 정상적인 사용촉진 조치가 이루어졌다고 인정될 수 없다. 이 경우, 사용자는 연차휴가 사용촉진 조치 여부와 관계없이 미사용한 연차휴가에 대해 수당을 지급해야 한다.[19]

19) 노동부 행정해석 임금근로시간정책팀-2888, 2007.9.11. 참조

Ⅱ. 세무관리 주요 업무

1. 2026.1기 부가가치세 확정신고 납부(25일)

(1) 주요내용

법령에 열거된 규정에 따라 부가가치세가 면제되는 사업만을 영위하는 경우를 제외하고, 사업상 상품(재화)의 판매나 서비스(용역)를 제공하는 모든 사업자는 사업자유형별로 부가가치세 확정 신고·납부 의무가 발생한다.

사업자 유형	제1기 과세대상기간	예외
법인사업자	4/1~6/30	공급가액 미만[20]으로 예정신고를 하지 않은 경우, 1/1~6/30
개인사업자	1/1~6/30	사업부진[21]등으로 예정신고를 한 경우, 4/1~6/30

과세대상기간 동안 다음의 계산 흐름에 따라 산출된 세액을 7.1~7.25에 신고·납부하여야 한다.

20) 직전 과세기간의 공급가액이 1억 5천만원 미만인 법인사업자

21) 예정신고기간의 공급가액 또는 납부세액이 직전 과세기간의 공급가액 또는 납부세액의 3분의 1에 미달하는 자

{매출세액–매입세액–경감 · 공제세액–예정고지세액(예정신고 미환급 세액)}+가산세액=차가감 납부(환급)세액

(2) 세무관리 유의사항

매출세액과 매입세액에는 예정신고 누락분도 포함되며, 법령에 열거되어 있는 공제되지 않는 매입세액[22]을 면밀히 검토하여 공제에서 제외하고 신고하는 것이 중요하다.

수출 등 영세율 매출을 누락할 경우 납부세액에는 영향이 없지만 영세율과세표준신고불성실 가산세가 부과되니 유의하여야 하며, 특히 세금계산서 발급 · 수취 관련 가산세가 폭넓게 규정되어 있으므로 공급시기에 유념하여야 한다.

둘 이상의 사업장이 있는 경우 주사업장 총괄납부제도와 사업자단위과세제도를 활용하여 납세의 편리함을 도모할 수 있다.

22) 1. 사업과 직접 관련이 없는 지출
2. 비영업용승용차의 구입 · 임차 · 유지와 관련된 지출
3. 기업업무추진비와 관련된 지출 등

2. 근로소득 간이지급명세서 제출(31일)

일용근로자가 아닌 근로자에게 지급하는 근로소득에 대한 간이지급명세서는 그 소득 지급일이 속하는 반기의 마지막 달의 다음 달 말일까지 제출하여야 한다.

원천징수시기 특례 규정에 따라, 2026년 7월 귀속 8월 지급분도 포함하여 7월 31일까지 제출해야 함을 유의하여야 한다.

8월
노무 / 세무
주요 업무

◦ 여름휴가와 노무관리 [노무]

◦ 12월말 결산법인 법인세 중간예납 [세무]

I. 여름휴가와 노무관리

8월은 많은 기업들이 본격적으로 여름휴가를 계획하고 시행하는 시기이다. 올해부터 여름휴가 제도를 신설하고자 하는 사업장이라면, 우선 여름휴가의 개념을 정확히 이해하고, 당사에 적합한 운영 방식을 고민할 필요가 있다. 이미 여름휴가를 운영 중인 사업장이라 하더라도, 운영 과정에서 발생할 수 있는 이슈별 유의사항을 사전에 점검하는 것이 바람직하다.

1. 여름휴가 법적 성질

여름휴가는 법률에 따라 반드시 부여해야 하는 '법정휴가'가 아니라, 회사의 취업규칙이나 단체협약 등을 통해 노사가 자율적으로 정하는 '약정휴가'의 성격을 갖는다. 따라서 취업규칙 등에 여름휴가에 관한 별도의 규정이 없다면, 회사가 여름휴가를 부여하지 않더라도 법적으로는 문제되지 않는다.

반면, 취업규칙 등에 여름휴가를 규정하고 있다면 당연히 그에 따라야 한다. 여기서 약정휴가란, 취업규칙, 회사의 재량에 따라 부여하는 휴가로서 근로기준법 등 노동관계법령에 따라 의무적으로 부여해야 하는 연차휴가 등 법정휴가와는 구분된다.

2. 여름휴가 부여방법

(1) 전체직원에게 일률적으로 여름휴가를 부여할 수 있는지 여부

여름휴가를 전 직원에게 일률적으로 부여하는 방식은 크게 두 가지로 구분할 수 있다.

첫째, 회사의 약정휴가로 운영하는 경우다. 약정휴가로서 유급으로 여름휴가를 부여한다면 회사의 재량에 따라 전체 직원에게 일률적으로 여름휴가를 부여할 수 있다.

둘째, 개별 근로자의 연차휴가를 소진하게 하는 방식이다. 근로기준법 제62조에 따른 '연차유급휴가의 대체' 제도를 활용하는 것인데, 이때는 반드시 근로자대표와의 서면 합의를 거쳐야 한다. 적법한 합의가 있다면 특정 근로일에 연차휴가를 사용하는 것으로 간주하여 전 직원을 동시에 쉬게 할 수 있다.

(2) 연차휴가를 전부 소진한 근로자에게 여름휴가 부여가 가능한지 여부

개별 연차휴가를 사용하여 여름휴가를 부여하는 경우 근로자가 부여된 연차휴가를 모두 소진하였다면 여름휴가를 별도로 부여하지 않아도 무방하다. 물론, 근로자의 청구에 따라 장래에 발생할 연차휴가를 선사용하도록 하거나 무급으로 부여하는 것도 가능하다. 이때 연차휴가를 선사용한 근로자가 연차휴가 발생기준을 충족하지 못한 상태에서 퇴직하여 결과적으로 '연차 초과사용'이 되고, 이에 대해 임금에서 공제하고자 할 경우에는 반드시 근로자의 동의를 얻어야 한다.

3. 여름휴가 운영방법

(1) 차등적으로 부여할 수 있는지 여부

여름휴가 부여 일수, 여름휴가비 지급 여부 등 여름휴가의 부여 기준은 사용자가 자율적으로 결정할 수 있고, 근속연수, 직급 등을 기준으로 차등 적용하는 것도 가능하다.

단, 「기간제 및 단시간근로자 보호 등에 관한 법률」에 따라 정규직 근로자와 동종 또는 유사한 업무에 종사하는 기간제 · 단시간 근로자에 대해 합리적인 이유 없이 여름휴가제도를 적용하지 않거나, 정규직 근로자보다 불리한 기준의 여름휴가를 부여하는 것은 불가하다.

반면, "3개월 이상 재직한 근로자에 한하여 지급한다" 등과 같이 정규직과 기간제 · 단시간 근로자 모두에게 적용되는 기준에 따라 여름휴가를 부여하거나, 기간제 · 단시간 근로자와 동종 또는 유사한 업무에 종사하는 정규직 근로자가 없는 경우에는 '차별'에 해당하지 않는다.

(2) 여름휴가 사용 후 토요일에 출근할 경우 연장근로에 해당하는지 여부

연장근로는 실근로시간이 법정근로시간(1일 8시간 또는 1주 40시간)을 초과하는 것을 말한다. 근로자가 여름휴가를 사용한 주의 토요일(휴무일 가정)에 출근하였다고 하더라도, 실근로시간이 1일 8시간을 초과하지 않거나, 1주 40시간을 초과하지 않는다면, 토요일에 출근하더라도 연장근로에 해당하지 않는다(가산임금을 포함한 150%의 임금이 아닌 100%의 임금만 지급해도 무방).

(3) 여름휴가를 사용하지 않은 직원에게 별도 수당을 지급해야 하는지 여부

유급 여름휴가를 사용하지 못한 근로자에게 그 수당 청구권이 인정되는지 여부는 그 여름휴가 부여기준을 정한 취업규칙 등에 따라 판단해야 한다. 만일, 취업규칙 등에 근로자가 사용하지 못한 여름휴가에 대해 별도 수당을 지급한다는 등의 규정을 두고 있다면 사용자는 여름휴가를 미사용한 근로자에게 별도 수당을 지급해야 한다. 반면, 별도로 정한 규정이 없다면 사용자는 근로자가 사용하지 않은 여름휴가에 대해 수당을 지급할 의무가 없다.

(4) 1주 전체 여름휴가 사용 시 주휴수당이 발생하는지 여부

여름휴가기간은 근로제공의무가 면제되는 날로서 1주간의 소정근로일을 모두 여름휴가로 사용하였다면, 해당 주에는 근로

제공의무가 있는 소정근로일이 없으므로 주휴수당이 발생하지 않는다.[23)]

(5) 여름휴가 기간에 출근한 경우 휴일근로에 해당하는지 여부

여름휴가기간은 근로제공의무를 면제받은 날로서, 원래부터 근로제공의무가 없는 '휴일'과는 구분된다. 따라서, 여름휴가기간에 근로자가 출근하더라도 휴일근로에 해당하지 않고, 가산수당도 발생하지 않는다.

4. 여름휴가비 관련 이슈

(1) 여름휴가비를 지급해야 하는지 여부

여름휴가비는 단체협약, 취업규칙 등에서 별도로 정하지 않는 한, 근로자의 복리후생을 위하여 사용자가 재량에 따라 지급하는 금품으로서, 법적으로 부여할 의무는 없다. 그러나, 별도 규정이 없더라도 관행상 매년 일정액의 여름휴가비를 지급해왔고, 노동관행상 이를 근로조건으로 볼 수 있다면 여름휴가비를 지급해야 한다.

8월 노무·세무

23) 근로조건지도과-3102, 2008.8.8.

(2) 여름휴가비의 평균임금/통상임금 판단

1) 여름휴가비의 평균임금 산입 여부

여름휴가비가 근로기준법상 '임금'으로서, 계속적·정기적으로 지급되고 취업규칙 등에 의해 사용자에게 그 지급의무가 지워져 있다면 평균임금 산입범위에 포함해야 한다. 예컨대 취업규칙 등에 여름휴가비를 지급한다는 규정을 두고, 이에 따라 매년 여름휴가비를 지급해왔다면 이는 근로의 대가로서 사용자에게 지급의무가 있는 '임금'에 해당하므로 평균임금 산정 시 포함해야 한다.[24)]

반면, 취업규칙 등에 별도로 정한 바가 없이 1회성으로 지급된 여름휴가비 라면, 근로의 대가로서 사용자에게 지급의무가 있는 '임금'이라고 볼 수 없으므로 평균임금 산정 시 제외된다.

2) 여름휴가비의 통상임금 산입 여부

통상임금은 근로자에게 정기적이고 일률적으로 소정근로 또는 총 근로에 대하여 지급하기로 정한 금액을 말한다. 여름휴가비가 통상임금에 산입되기 위해서는 소정근로에 대한 대가로서 정기적이고 일률적으로 지급되는 금품으로 볼 수 있어야 한다.

24) 대법 2006.5.26, 2003다54322 판결

참고 대법 2024.12.19, 2020다247190 판결

> 근로자가 **소정근로를 온전하게 제공하면 그 대가로서 정기적, 일률적으로 지급하도록 정해진 임금**은 그에 **부가된 조건의 존부나 성취 가능성과 관계없이 통상임금에 해당**한다. 임금에 부가된 조건은 해당 임금의 객관적 성질을 실질적으로 판단하는 과정에서 소정근로 대가성이나 정기성, 일률성을 부정하는 요소 중 하나로 고려될 수는 있지만, 단지 조건의 성취 여부가 불확실하다는 사정만으로 통상임금성이 부정된다고 볼 수는 없다.

최근 대법원 전원합의체 판결에 따라 재직자 요건 등 추가적인 수당의 지급 요건을 두고 있는 경우라도, 소정근로의 대가로서 정기성, 일률성을 갖고 지급되는 수당이라면 통상임금 범위에 포함되어야 한다. 예컨대, 지급 당시 재직 중인 자에게만 여름휴가비를 지급하는 경우에도 여름휴가의 사용 여부와 관계없이 재직 중인 모든 근로자에게 일률적으로 여름휴가비를 지급한다면 통상임금에 산입하여야 한다.

(3) 회사가 임의로 여름휴가비 지급을 중단할 수 있는지 여부

취업규칙 등에 의해 정해진 여름휴가비는 근로조건에 해당하기 때문에 회사가 일방적으로 변경하거나 조정할 수 없고, 취업규칙 변경에 준하는 절차를 거쳐야 한다. 따라서, 여름휴가비 지급을 중단하고자 하는 경우라면, 근로조건을 불리하게 변경하는 것에 해당

하므로 근로자 과반수로 조직된 노동조합이 있다면 그 노동조합, 없다면 근로자 과반수의 동의를 얻어 변경해야 한다.

Ⅱ. 세무관리 주요 업무

1. 12월말 결산법인 법인세 중간예납(31일)

(1) 주요내용

법령이나 정관 등에서 12월 31일을 사업연도 종료일로 하는 내국법인은 중간예납기간[25]에 대한 법인세액을 중간예납기간이 지난 날부터 2개월 이내에 납세지 관할 세무서에 납부할 의무가 있다.

(2) 중간예납세액의 계산

중간예납기간에 대한 법인세액은 다음의 두 가지 중 어느 하나의 방법을 선택하여 계산하도록 규정하고 있다.

1) 직전 사업연도의 산출세액을 기준으로 하는 방법

중간예납세액
=직전 사업연도의 법인세 산출세액(가산세 포함[26])−직전 사업연도의 감면·공제 법인세액−직전 사업연도의 원천징수세액, 수시부과세액[27]

25) 사업연도 개시일부터 6개월이 되는 날까지로 하며, 12월 31일 결산법인의 경우에는 1월 1일~6월 30일에 해당한다.

26) 토지 등 양도소득에 대한 법인세액 및 투자·상생협력 촉진을 위한 과세특례를 적용한 법인세액은 제외한다.

27) 직전 사업연도의 중간예납세액은 차감하지 않음에 유의한다.

8월 노무·세무

2) 해당 중간예납기간의 법인세액을 기준으로 하는 방법

중간예납세액
={(중간예납기간/법인세 과세표준)×(12/중간예납기간)×법인세율×(중간예납기간/12)}−중간예납기간의 감면·공제세액, 원천징수세액, 수시부과세액

단, 다음의 어느 하나에 해당할 경우에는 위 2)에 따른 법인세액으로 계산하여야 한다.

◦ 직전연도 법인세로서 확정된 산출세액이 없는 법인
◦ 중간예납기간 만료일까지 직전연도 법인세액이 확정되지 않은 법인
◦ 분할신설법인 또는 분할합병의 상대방법인의 분할 후 최초 사업연도인 경우

(3) 중간예납세액 납부의무 면제대상

다음 중 어느 하나에 해당하는 법인은 중간예납세액을 납부할 의무가 없으니 참고 바란다.

◦ 해당 사업연도에 합병이나 분할에 의하지 않고 신규 설립된 법인
◦ 중간예납기간에 휴업 등의 사유로 수입금액이 없는 법인
◦ 「법인세법 제63조제1항제1호 각 목에 해당하는 학교법인
◦ 직전 사업연도에 중소기업인 법인으로서, (2)의 1)에 따라 계산한

세액이 50만원 미만인 법인[28)]

(4) 세무관리 유의사항

납부할 세액이 1천만원을 초과하는 경우, 법인세 확정신고의 분할납부 규정을 준용[29)]하며, 법인세 확정신고와 달리 지방소득세의 납부는 없다.

만약 중간예납 납부기한 내에 무신고·미납부 시, 신고불성실 가산세는 없으나 미납한 기간에 대한 납부불성실 가산세는 부과되기 때문에 기한 내에 납부하는 것이 무엇보다 중요하다고 할 것이다.

납부한 중간예납세액은 법인세 확정신고 시, 기납부세액으로 공제된다.

28) 50만원 미만에는 직전 사업연도에 결손 등이 발생한 경우도 포함하며, 직전 사업연도에 중소기업이 아닌 법인은 해당하지 않음에 유의한다.

29) 납부할 세액이 1천만원을 초과하는 경우, 납부기한이 지난 날부터 1개월(중소기업은 2개월) 이내에 분납할 수 있으며, 납부할 세액의 범위에 따라 다음에 의한다.
① 납부할 세액이 2천만원 이하인 경우 : 1천만원을 초과하는 금액
② 납부할 세액이 2천만원 초과인 경우 : 그 세액의 50% 이하의 금액

9월
노무 / 세무 주요 업무

◦ 채용시즌, 주목해야 할 채용절차법 [노무]

◦ 2026년 귀속분 주택분 종합부동산세 합산배제 및 과세특례 신고 · 신청 [세무]

Ⅰ. 채용시즌, 주목해야 할 채용절차법

「채용절차공정화에관한법률(이하 '채용절차법')」은 채용절차에서 최소한의 공정성을 확보하기 위한 목적으로 제정된 법률로, 사용자가 근로자를 모집하고 채용을 확정하는 일련의 과정에서 준수해야 할 사항들을 정하고 있다. 사용자가 이를 위반하는 경우 최대 5년 이하 징역 또는 2천만원 이하의 벌금에 처해질 수 있다. 인사노무담당자는 모집공고를 올리는 것부터 근로자를 채용하는 전 과정에서 실수 또는 부주의로 인해 채용절차법을 위반하지 않도록 주의해야 한다.

1. 채용절차법 주요 내용 : 과태료 부과 대상

(1) 거짓 채용광고 금지 : 채용절차법 제4조 제1항

구인자는 채용을 가장하여 아이디어를 수집하거나 사업장을 홍보하기 위한 목적 등으로 거짓의 채용광고를 내서는 아니 된다. 이를 위반하면 5년 이하 징역 또는 2천마원 이하의 벌금에 처해질 수 있다. 지원자들에게 사업운영과 관련한 기획, 디자인, 마케팅, 기타 포트폴리오 등을 제출하도록 한 후 어느 누구도 채용하지 않거나, 이후 해당 기업에서 지원자들의 아이디어를 차용하여 사업운영에 활용하는 경우 법 위반에 해당할 수 있다.

(2) 채용광고 내용 변경 금지 : 채용절차법 제4조 제2항

구인자는 정당한 사유 없이 채용광고의 내용을 구직자에게 불리하게 변경하여서는 아니 된다. 위반 시 5백만원 이하의 과태료가 부과될 수 있다. 채용공고 이후 서류합격자에 대한 1차 면접이 예정되어 있었는데, 면접 당일 오전 회사가 이메일·문자를 통해 회사 내부 사정을 이유로 채용중단을 고지하였다면, 정당한 사유가 없이 중단한 경우에는 채용광고의 불리한 변경으로 볼 수 있어 법 위반 소지가 있으니 유의해야 한다.

간혹 경력직 채용을 공고하면서 근무형태를 정규직, 수습기간 3개월로 기재하였으나, 구직자가 채용에 응시하여 면접을 본 다음 날 회사의 채용담자로부터 사내 규정상 계약직 채용 진행이 원칙인데 담당자 실수로 채용공고를 잘못 올렸다면서 모집하고 있는 직렬의 고용형태가 계약직으로 변경되었다는 통보를 하는 경우가 있는데, 채용단계에서 구직자에게 불리한 형태로 채용광고 내용의 변경이 이루어졌고, 담당자의 실수로 오기재한 것만으로는 정당한 사유로 인정받을 수 없다.

(3) 채용 후 광고 제시 근로조건의 불리한 변경 금지 : 채용절차법 제4조 3항

구인자는 구직자를 채용한 후에 정당한 사유 없이 채용광고에서 제시한 근로조건을 구직자에게 불리하게 변경하여서는 아니 된다. 위반 시 5백만원 이하의 과태료가 부과될 수 있다. 채용공고에는 정규직 채용으로 되어 있으나 채용 후 수습기간을 두는 경우가 있는데, 정규직 근로자라고 하더라도 수습 기간은 둘 수 있는 것이므로 수습 근로계약을 체결하였다는 이유만으로 근로조건의 불리한 변경으로 볼 수는 없다. 다만, 수습계약이 실질적으로 정규직 채용을 부정하게 되거나, 시용 및 기간의 정함이 있는 근로계약을 체결한 것으로 간주되는 경우 등 사안에 따라 근로조건의 불리한 변경으로 볼 수도 있으니 수습과정을 투명하고 객관적인 평가가 이루어질 수 있도록 운영할 필요가 있다.

(4) 채용강요 등의 금지 : 채용절차법 제4조의2

누구든지 채용의 공정성을 침해하는 행위로 ▲법령을 위반하여 채용에 관한 부당한 청탁, 압력, 강요 등을 하는 행위와, ▲채용과 관련하여 금전, 물품, 향응 또는 재산상의 이익을 제공하거나 수수하는 행위를 할 수 없다. 위반 시 3천만원 이하의 과태료가 부과된다. 예컨대, A가 지인 B를 통해 기업의 인사담당자 C에게 법령을 위반하여 부당한 채용 청탁을 한 경우, 채용 청탁을 전달(또는 유인)한 B도 처벌 대상이 된다.

(5) 출신지역 등 개인정보 요구 금지 : 채용절차법 제4조의3

구인자는 구직자에 대하여 그 직무의 수행에 필요하지 아니한 ▲용모 · 키 · 체중 등의 신체적 조건, ▲출신지역 · 혼인여부 · 재산, ▲직계 존비속 및 형제자매의 학력 · 직업 · 재산 등과 같은 정보를 기초심사자료에 기재하도록 요구하거나 입증자료로 수집하여서는 아니 된다. 위반 시 5백만원 이하의 과태료가 부과될 수 있다.

다만, 채용 이후에 가족수당 지급을 위해 확인하는 것이라면 문제되지 않는다. 한편, 채용절차법의 이 조항은 강행규정으로 구직자의 동의 여부와 상관없이 요구 금지된 정보가 직무수행과 무관하다면 수집이 불가하며, 구직자의 동의를 받더라도 과태료 대상에서 제외되지 않는다는 점에 유의해야 한다.

(6) 채용심사비용의 부담금지 : 채용절차법 제9조

구인자는 채용심사를 목적으로 구직자에게 채용서류 제출에 드는 비용 이외의 어떠한 금전적 비용(채용심사비용)도 부담시키지 못한다. 채용심사비용은 구인자가 채용을 계획하고 준비하는 데 드는 비용부터, 채용광고 등의 비용, 채용서류를 접수 받은 후 해당 구직자에 대한 채용적격 여부를 심사하는데 드는 비용 등 채용과 관련하여 구인자에게 직접 또는 간접적으로 발생되는 모든 비용을 말한다. 전문가 등 외부 면접관 위촉 시 해당 인건비, 채용광고료, 통신비, 채용사이트 구축비용 및 운영비 등이 이에 해당한다.

예외적으로 구직자가 부담하는 채용서류 제출 비용이란 구인자가 채용서류를 접수 받기 전에 구직자가 채용서류를 준비하는데 드는 비용(채용서류 준비 비용)과 구직자가 준비한 채용서류를 구인자에게 제출하는데 드는 비용(채용서류 제출 비용)을 말한다.

예컨대, 채용공고문에서 구직자 제출서류로 채용신체검사서를 요구하는 경우, 그 비용부담의 주체가 누구인지가 문제될 수 있다. 채용될 경우 회사에 종사할 수 있는지를 심사하기 위한 용도로 활용되어 채용심사를 위한 목적이 크므로 이는 구인자가 부담한다. 하지만 채용이 확정된 자를 대상으로 감염병 여부를 확인하기 위한 목적으로 신체검사서를 제출하도록 하는 경우, 신체검사서 제출시점이 채용절차가 모두 종료되어 채용절차 상에 있지 않은 점, 그 목적이 채용심사가 아니라 최종합격자를 대상으로 정상적인 업무수행 여부(업무수행 가능여부 판단 및 감염병 치료가 필요한 경우 치료 후 업무배치 등 고려)를 확인하기 위한 것으로 보이는 점 등을 고려할 때,신체검사서 제출에 따른 소요비용은 채용절차법에 따른 '채용심사비용'에 해당하지 않아 구직자가 부담하더라도 문제되지 않는다.[30)]

(7) 채용서류의 반환 · 보관 · 파기 및 고지 : 채용절차법 제11조

구인자는 구직자의 채용 여부가 확정된 이후 구직자(확정된 채용 대상자는 제외)가 채용서류의 반환을 청구하는 경우에는 본인임을 확인한 후 이를 반환하여야 한다. 이를 위반하면 3백만원 이하의 과태료가 부과될 수 있다. 다만, 홈페이지 또는 전자우편으로 제출된 경우나 구직자가 구인자의 요구 없이 자발적으로 제출한 경우에는 해당하지 않는다(이 경우 반환 및 보관 의무는 없더라도 파기의

30) 공정채용기반과-1315, 2023.5.26.

의무는 있다). 채용서류의 반환에 소요되는 비용은 원칙적으로 구인자가 부담한다.

구인자는 구직자의 반환 청구에 대비하여 채용 최대 180일까지 채용서류를 보관해야 한다. 이 기간이 지난 경우 채용서류를 파기해야 한다. 한편, 구인자는 채용서류의 반환, 보관, 파기 등에 대한 사항을 고지해야 하는데 채용 공고 시 공고문에 '제출한 서류는 일체 반환하지 않는다'고 명시하고 반환 방법 등을 고지하지 않은 경우 이는 채용서류의 반환을 규정한 법 제11조를 위반한 것으로 과태료 부과 대상이 되므로 유의해야 한다.

2. 기타 유의사항

(1) 전자방식 서류접수

채용절차법 제7조에서는 채용서류를 홈페이지 또는 전자우편으로 받도록 노력하고, 채용서류를 받은 경우 그 접수사실을 홈페이지 게시, 휴대전화에 의한 문자전송, 전자우편, 팩스, 전화 등으로 알리도록 하고 있다. 홈페이지 등을 통해 채용서류를 하고자 한다면 구직자가 별도의 로그인, 회원가입 절차 없이 작성 및 입력해야 하는 항목이 무엇인지 미리 확인할 수 있도록 지원서 양식을 파일로 첨부하거나 입력화면을 미리 보여주도록 하는 등 구직자의 편의를 제공하는 것이 바람직하다.

(2) 채용일정 및 채용과정, 채용여부의 고지

채용절차법 제8조 및 제10조에 따라 구인자는 구직자에게 채용일정, 채용심사 지연의 사실, 채용과정의 변경 등 채용과정을 알려야 하고, 채용대상자를 확정한 경우에는 지체 없이 구직자에게 채용 여부를 알려야 한다. 최종 합격 여부를 합격자에게만 고지하고, 불합격자에게는 알리지 않는 사례가 다수 발생하는데, 이는 법 제10조를 위반하는 것이고, 불합격자의 경우 신속히 취업 활동 계속 여부와 방향을 결정할 수 있도록 합격자뿐만 아니라 불합격자에게도 알리는 것이 바람직하다.

(3) 입증 · 심층심사자료 제출 제한

채용절차법 제13조는 구인자는 채용시험을 서류심사와 필기 · 면접 시험 등으로 구분하여 실시하는 경우 서류심사에 합격한 구직자에 한정하여 입증자료 및 심층심사자료를 제출하게 하도록 노력하여야 한다고 정하고 있다. 입증자료란 학위증명서, 경력증명서, 자격증명서 등 기초심사자료(응시원서, 이력서 및 자기소개서)에 기재한 사항을 증명하는 모든 자료를 말하고, 심층심사자료란 작품집, 연구실적물 등 구직자의 실력을 알아볼 수 있는 모든 물건 및 자료를 말한다. 서류접수 단계부터 이러한 자료를 요구하지 않는 것이 바람직하다.

참고 채용절차법 주요 내용 요약

구분	주요 내용	위반 시 벌칙
거짓채용광고 금지	◦ 채용 가장한 아이디어 수집이나 홍보 목적 등 거짓채용광고 금지	5년 이하 징역 또는 2천만원 이하 벌금
채용광고내용 및 근로조건 변경 금지	◦ 정당한 사유 없이 채용광고 내용 불리 변경 금지 ◦ 채용 후 정당한 사유 없이 채용광고 시의 근로조건 불리변경 금지	5백만원 이하 과태료
채용강요 등 금지	◦ 채용 관련 부당 청탁·압력·강요 및 금전·물품·재산상 이익 제공·수수 금지	3천만원 이하 과태료
출신지역 등 개인정보 요구 금지	◦ 직무 무관한 개인정보의 기재 요구 및 수집 금지 ① 용모·키·체중 등 신체적 조건 ② 출신지역·혼인여부·재산 ③ 직계존비속/형제자매 학력·직업·재산	5백만원 이하 과태료
채용심사비용	◦ 구직자에게 채용서류 제출 비용 외의 채용심사 목적의 모든 금전적 채용심사비용의 부담 금지	시정명령 불이행시 3백만원 이하 과태료
채용서류 반환 등	◦ 채용 확정 후 채용서류 반환 요구에 대한 미반환 ◦ 반환 청구기간 도과 경우 및 미반환 채용서류 미파기 ◦ 채용서류 반환 소요 비용 구인자 미부담	시정명령 불이행시 3백만원 이하 과태료
	◦ 반환 청구에 대비한 채용서류 보관 의무 미이행 ◦ 서류 반환, 폐기 등의 규정 고지 미이행	3백만원 이하 과태료

구분	주요 내용	위반 시 벌칙
전자방식 서류 접수	◦ 채용서류를 홈페이지 또는 전자우편으로 받도록 노력	–
채용일정·과정·채용 여부 고지	◦ 채용일정·심사지연사실·채용과정 변경 및 채용 여부 고지	–
입증·심층 심사자료 제출 제한	◦ 서류심사 합격자에 한정하여 입증자료·심층심사자료 제출받도록 노력	–

9월
노무
·
세무

Ⅱ. 세무관리 주요 업무

1. 2026년 귀속분 주택분 종합부동산세 합산배제 및 과세특례 신고 · 신청(30일)

(1) 주요내용

다음의 종합부동산세 과세대상에 대한 과세특례가 적용되는 경우와 합산배제주택이 있는 경우에는 2025년 9월 16일부터 9월 30일까지 주소지 관할 세무서에 신고·신청하여야 한다.

단, 합산배제 및 과세특례를 이미 적용받고 있는 경우에는 소유권, 전용면적 등 물건의 변동사항이 없다면 별도의 신고는 하지 않아도 된다.

참고 주요 합산배제 및 과세특례 정리

구분	주요내용	세부내용
합산배제주택	◦ 임대주택	◦ 민간매입, 민간건설 등 임대주택의 전용면적, 공시가격, 임대기간 등이 「종합부동산세법 시행령」 제3조에 따른 요건을 충족하는 주택
	◦ 사원용주택	◦ 종업원에 무상·저가로 제공하는 사용자 소유 주택으로서 국민주택규모 이하 또는 공시가격 6억원 이하의 주택
	◦ 기숙사	◦ 종업원 등의 주거에 제공(「건축법 시행령」 별표 1의 기숙사)

구분	주요내용	세부내용
과세 특례	◦ 일시적 2주택	◦ 1세대1주택자가 대체주택 취득 후, 3년 이내에 종전 주택을 양도하는 경우
	◦ 상속주택	◦ 1주택자가 상속을 원인으로 취득한 주택으로서 과세기준일[31] 현재 아래 어느 하나에 해당하는 주택 ① 상속개시일로부터 5년이 경과하지 않은 주택 ② 상속지분이 전체 주택 지분의 40% 이하인 주택 ③ 상속받은 주택 지분에 해당하는 공시가격이 수도권 6억원, 비수도권 3억원 이하인 주택
	◦ 지방저가주택	◦ 수도권 및 광역시·특별자치시 외의 지역, 수도권 중 인구감소&접경지역(인천 강화군·옹진군, 경기 연천군 및 가평군) 공시가격 4억원 이하인 주택 1채[32]
	◦ 부부 공동명의 1주택자 특례[33]	◦ 과세기준일 현재 거주자인 부부가 1주택만을 공동으로 소유하는 경우

9월 노무·세무

31) 종합부동산세의 과세기준일은 매년 6월 1일이다.

32) 지방 저가주택을 2채 이상 소유하고 있는 경우에는 과세특례 적용이 배제된다.

33) 기존에 신청했으면 계속 적용되며, 특례 적용이 불리해진 경우 취소신청도 가능하다.

(2) 세무관리 유의사항

합산배제 대상 주택은 계산구조상 당초 공시가격 합산 단계부터 제외되는 것이며, 과세특례 대상 주택은 공시가격에는 합산되지만 1세대1주택자로 보아 기본공제 12억과 연령·보유기간에 따른 세액공제를 적용받게 되는 차이가 있음을 유념하여야 한다.

합산배제 신고 후 요건을 충족하지 못한 주택에 대해서는 경감받은 세액과 이자상당액을 포함하여 추가로 신고·납부하여야 함을 유념하기 바란다.

10월

노무 / 세무 주요 업무

- 연차휴가 사용촉진조치과 노무수령거부 [노무]
- 2026년 2기 부가가치세 예정신고 납부 [세무]

I. 연차휴가 사용촉진조치과 노무수령거부

회계연도를 기준으로 연차휴가를 관리하는 사업장의 경우 첫 번째 사용촉진 조치는 지난 7월 초에, 두 번째 촉진 조치는 10월 이내에 실시하여야만 적법한 제도 운영이 가능하다. 두 차례의 사용촉진 조치를 모두 거쳤더라도 연차휴가 사용일로 지정된 날에 출근한 근로자에 대한 적극적인 노무수령 거부조치를 하여야만 그 효력이 유효한 바, 이하에서는 두 번째 사용촉진 방법과 노무수령 거부조치 방안에 대해 살펴보고자 한다.

1. 미사용 연차휴가의 사용 시기 지정 통보(2차 촉진)

(1) 2차 촉진 대상 근로자

사용자가 7월 초에 첫 번째 촉진 조치를 실시할 때 미사용 연차휴가일 수를 안내하고 그 사용시기를 정하여 통보하도록 하였다면, 근로자는 그 촉구를 받은 날로부터 10일 이내에 미사용한 연차휴가의 사용 시기를 사용자에게 통보해야 한다.

만일, 근로자가 위 기간 내에 사용 시기를 통보하지 않았다면, 사용자는 해당 근로자를 대상으로 미사용한 연차휴가의 사용 시기를 지정하여 통보해야 한다.

(2) 실시 시기

1) 계속 근로한 기간이 1년 이상인 근로자

계속근로기간 1년 이상인 근로자에 대한 사용 시기 지정 통보는 연차휴가의 사용 기간이 끝나기 2개월 전까지 이루어져야 한다. 회계연도를 기준으로 연차휴가를 운영하는 경우, 근로자에게 7월 11일부터 7월 20일 사이에 사용시기를 자율적으로 지정하여 통보하도록 안내하고, 해당 기간 내에 사용시기를 통보하지 않은 근로자에 대해서는 7월 21일부터 10월 31일 사이에 회사가 미사용 연차휴가의 사용시기를 지정하여 통보하면 된다.

2) 계속 근로한 기간이 1년 미만인 근로자

계속하여 근로한 기간이 1년 미만인 근로자에 대한 연차휴가 사용시기 지정 통보는 회계연도를 기준으로 실시할 수 없다. 따라서 근로자별 최초 1년의 근로가 끝나는 날을 기준으로 먼저 발생하는 9개의 연차휴가에 대해서는 1개월 전까지, 나중에 발생한 2개의 연차휴가에 대해서는 10일 전까지 미사용한 연차휴가의 사용 시기를 지정하여 통보해야 한다.

참고 회계연도 기준 연차휴가 사용촉진 조치 예시(1년 이상 근로자)

시기	주체	방법
7.1. ~ 7.10.	회사	◦ 미사용 연차휴가 일수 통보 및 사용시기 지정 촉구
7.11. ~ 7.20.	근로자	◦ 미사용 연차휴가 사용시기 통보
7.21. ~ 10.31.	회사	◦ 미사용 연차휴가의 사용시기를 통보하지 않은 근로자에 대해 연차휴가 사용일 지정하여 통보

참고 연차휴가 사용촉진 조치 예시(1년 미만 근로자)

• 먼저 발생한 연차휴가(1.1. ~ 9.30.)		
시기 (1.1. 입사 가정)	주체	방법
10.1. ~ 10.10.	회사	◦ 미사용 연차휴가 일수 통보 및 사용시기 지정 촉구
10.11. ~ 10.20.	근로자	◦ 미사용 연차휴가 사용시기 통보
10.21. ~ 11.31.	회사	◦ 미사용 연차휴가의 사용시기를 통보하지 않은 근로자에 대해 연차휴가 사용일 지정하여 통보
• 나중에 발생한 연차휴가(10.1. ~ 12.31.)		
시기 (1.1. 입사 가정)	주체	방법
12.1. ~ 12.5.	회사	◦ 미사용 연차휴가 일수 통보 및 사용시기 지정 촉구
12.6. ~ 12.15.	근로자	◦ 미사용 연차휴가 사용시기 통보
12.16. ~ 12.21.	회사	◦ 미사용 연차휴가의 사용시기를 통보하지 않은 근로자에 대해 연차휴가 사용일 지정하여 통보

(3) 연차휴가 사용 시기 지정

근로자가 촉구 이후에도 휴가 사용 시기를 지정하지 않은 경우, 사용자는 미사용 연차에 대한 사용 시기를 직접 정하여 근로자에게 통보해야 한다. 지정된 날에 근로자는 연차휴가를 사용하는 것이 원칙이나, 사용자의 동의를 얻는다면 시기를 변경하여 사용하는 것도 가능하다.

이때 사용 시기 지정 통보는 반드시 서면으로 이루어져야 한다. 단순히 사내 게시판에 공지하거나 구두로 휴가 사용을 독려하는 것은 법적으로 유효한 사용 촉진으로 인정받기 어렵다.

1) E-mail

평소 업무의 기안, 결재, 시행 등의 의사소통이 E-mail을 통해 이루어지고, 그 도달 여부를 확인할 수 있다면 개인별 E-mail을 통한 연차휴가 사용촉진도 가능하다. 반대로, 근로자의 메일 수신 여부를 확인할 수 없는 등 단순히 통보에 그치는 경우라면 적법한 사용촉진으로 보기 어렵다.

2) 근태관리 시스템

시스템상으로 개인별 통보가 이루어지고 근로자의 확인(도달) 여부가 기록으로 남는다면 이 역시 서면 통보로서 효력을 갖는다.

2. 노무수령 거부 조치

근로자가 휴가 사용일로 지정된 날에 출근한 경우, 회사가 이를 알면서도 별다른 조치 없이 업무를 지시하였다면 수당 지급 의무는 면제될 수 없다.[34] 따라서 해당 근로자가 업무에 종사하지 않도록 회사가 노무수령을 거부한다는 의사를 명확하게 표시하여야 한다.

(1) 노무수령 거부 방법

출근 즉시 노무수령 거부의사 통지서를 전달하여 귀가하도록 하거나, 사내 인트라넷 · 이메일 등의 업무 시스템 접속을 제한하는 방법 등을 고려해볼 수 있다. 근태관리 시스템을 활용하고 있는 사업장이라면 휴가 사용일에 시스템에 접속한 근로자에게 노무수령 거부 안내 메시지를 띄우는 방법도 활용할 수 있다.

노무수령 거부 조치를 함에 있어 가장 중요한 것은 실제로 해당 근로자에게 업무지시를 하지 않는 것이다. 이를 위해서는 동료, 상사 등 실무 협업자들이 업무를 부여하지 않도록 사전에 휴가일을 공유하고 일정을 조율하는 등으로 부서(팀) 차원의 인사관리를 병행하는 것이 바람직하다.

10월 노무·세무

34) 대법원 2020.2.27. 선고 2019다279283 판결

(2) 입증책임

근로기준법은 입증책임에 대해 직접 규정하고 있지 않지만, 고용노동부는 노무수령 거부의사가 있었는지를 판단하기 위해 ① 업무수행 및 근태관리에 대한 지시 및 통제가 있었는지, ② 노무수령 거부의사가 명확하게 근로자에게 표시되었는지, ③ 연차휴가 사용일로 지정되었음에도 근로자가 출근한 사유가 업무수행과 긴밀한 관련성이 있는지 등 구체적인 사실관계를 종합적으로 고려하고 있다. 이러한 사실에 비추어 볼 때, 결국 노무수령 거부의사에 대한 입증책임은 "회사"가 진다고 볼 수 있다.

Ⅱ. 세무관리 주요 업무

1. 2026년 2기 부가가치세 예정신고 납부(25일)

(1) 주요내용

사업자 유형별로 2기 부가가치세 예정신고・납부 절차를 정리하면 다음과 같다.

1) 법인사업자

구분	계속사업자	신규사업자	예정신고・납부기한
제1기 예정신고기간	7월 1일 ~ 9월 30일	사업개시일 ~ 9월 30일	10월 25일까지

직전 과세기간 공급가액의 합계액이 1억 5천만원 미만인 법인사업자는 직전 과세기간에 대한 납부세액의 50%로 결정하여 고지・납부함으로써 예정신고를 갈음할 수 있다.

2) 개인사업자

개인사업자는 직전 과세기간에 대한 납부세액[35]의 1/2에 상당

35) 직전과세기간에 대한 납부세액은 신용카드매출전표 등 발행세액공제, 전자세금계산서 발급 세액공제 등을 차감하고 가산세가 있는 경우 이를 가산한 금액으로 한다.

하는 금액을 예정고지세액으로 결정하여 납부하고 예정신고를 하지 않는 것이 원칙이며, 환급 등으로 직전 과세기간에 납부세액이 없거나 예정신고 기간의 신규 사업자의 경우 예정신고 없이 확정신고를 하면 된다.

(2) 유의사항

개인사업자와 예정고지 대상 법인사업자의 경우, 예정고지세액이 50만원 미만인 경우 징수 하지 않으며 사업부진 또는 휴업으로 인하여 예정신고기간의 공급가액 또는 납부세액이 직전과세기간의 공급가액 또는 납부세액의 1/3에 미달하거나 예정신고기간분에 대해 조기환급을 받고자 하는 경우에는 예정고지세액을 무시하고 예정신고를 할 수 있다.

또한, 예정신고시 일반 미환급세액은 환급하지 않고 확정신고시 납부할 세액에서 공제함을 유의해야 한다.

11월

노무 / 세무 주요 업무

◦ 건강진단 [노무]

◦ 법정 의무교육 [노무]

◦ 2026년 귀속 종합소득세 중간예납 납부, 추계액 신고납부 [세무]

I. 건강진단 및 법정의무교육 체크

1. 건강진단

산업안전보건법에 따라 사무직은 2년에 1회, 비사무직의 경우 1년에 1회 건강검진을 실시해야 하고, 사업주는 근로자의 건강진단이 원활히 실시될 수 있도록 적극 노력해야 한다. 건강검진을 실시하지 않는 경우 5년간 위반 횟수에 따라 근로자 1명당 1차 10만원, 2차 20만원, 3차 30만원의 과태료가 부과되며, 고의로 시행하지 않은 사업주에게는 1,000만원의 과태료가 부과된다.

Q1. 국민건강보험법에 따른 건강검진만 받아도 무방한지

근로자가 받아야 하는 건강진단은 ① 국민건강보험법에 따른 건강검진과 ② 산업안전보건법에 따른 일반건강진단, 특수건강진단, 임시건강진단이 있다. 참고로 특수건강진단은 특정 유해인자에 노출되는 업무에 종사하는 근로자를 대상으로, 임시건강진단은 유해인자에 노출되는 근로자들에게 유사한 질병의 증상이 발생한 경우에 실시하는 진단을 말한다. 만약 국민건강보험법에 따른 건강검진을 실시했다면 산업안전보건법에 따른 일반 건강진단을 실시한 것으로 본다. 따라서 특수 및 임시건강진단 대상이 아니라면 국민건강보험법에 따른 건강검진만 받아도 무방하다.

Q2. 국민건강보험법에 따른 검진대상자 명단 확인방법

건강보험EDI 가입 사업장의 경우 EDI를 통해서 확인할 수 있고, 건강보험 EDI 미가입 사업장의 경우 공단에서 검진대상자 명단을 우편으로 일괄 송부하는데, 만일 받지 못한 경우에는 건강보험공단 관할 지사를 통해서 파일 등으로 제공받을 수 있다. 매년 연말까지 건강검진이 이루어져야 하므로 담당자는 검진대상자를 확인하여 검진을 받도록 안내하고 독려해야 한다.

Q3. 건강검진 시간을 유급으로 부여하여야 하는지

산업안전보건법에서 건강진단 시간을 유급으로 부여해야 한다는 명시적 규정은 없다. 따라서 취업규칙 등에 건강검진 시간에 대해 유급으로 규정하지 않는 한, 무급으로 부여하여도 법 위반으로 볼 수는 없다. 그러나 사업주는 근로자의 건강진단이 원활히 실시될 수 있도록 노력해야 하고, 건강검진이 이루어지지 않은 경우 과태료 부과 대상이 될 수 있다는 점에서 가급적이면 건강검진에 소요되는 시간을 유급으로 부여하는 것이 타당하다.

Q4. 사무직과 비사무직을 구분하는 기준은 무엇인지

산업안전보건법은 사무직과 비사무직에 따라 건강검진 주기를 달리 정하고 있다. “사무직 근로자”는 사무실 등에서 주된 업무가 주로 정신적인 근로를 하는 자이며, 그 외 현장에 종사하는 근로자 및 사무실에서 단순 반복업무를 하면서 교대하지 않는 한 자리를 비울 수 없는 등 업무 중에 자유롭게 움직이기 곤란한 업무 등을 하는 근로자는 "비사무직 근로자"로 분류한다. 사무직과 비사무직 구분 예시는 다음과 같다.

참고 사무직과 비사무직 구분(예시)

사무직	그 밖의 근로자(기타직)
◦ 사무실에서 서무・인사・경리・판매・설계등 사무업무 종사자 ◦ 임원, 관리자(관리팀장, 인사팀장등)	◦ 공장 또는 공사현장과 같은 구역에 있는 사무실 종사자 ◦ 제조・건설작업 종사자, 단순노무 종사자 ◦ 장치, 기계조작 및 조립 종사자 ◦ 현장을 수시 출입하는 생산팀장, 공무팀장 등의 현장 관리자 ◦ 안전관리자, 방화관리자 등
◦ 총무, 서무, 인사, 기획, 노무, 홍보, 경리, 회계, 판매, 설계, 영업 등 사무업무 종사자 - 고객 서비스 사무 종사자 - 방문・전화・인터넷 민원 일반 상담업무 종사자 - 호텔・음식점 접수원 등 - 병원 행정, 원무, 보험 사무원 - 일반 사무 보조원, 비서 등	◦ 영업 등 직접 종사자 - 직접 판매에 종사하는 자 - 방문 주문 및 수금업무 등을 주 업무로 하는 영업직 근로자 - 114 안내업무, 전화고장 접수 등 TM 전담상담원 - 항공기승무원, 선원, 자동차 운전원 - 이・미용사, 조리사 - 의사, 간호사, 약사, 의료기사 등
◦ 내근기자	◦ 외근기자
◦ 교육기관 종사자 중 - 학원강사, 유치원교사, 보조교사, 일반교사 등	◦ 교육기관 종사자 중 - 기능강사, 실습강사, 이공계 학교 습교사, 어린이집 보육교사

사무직	그 밖의 근로자(기타직)
◦ 문화예술, 방송, 공연관련 종사자 중 - 방송작가, 아나운서, 디자이너	◦ 문화예술, 방송, 공연관련 종사자 중 - 프로듀서, 연기자, 안무가 - 촬영, 녹음 등 방송관련 기사
◦ 금융, 증권, 보험업 종사자 - 은행원, 증권중개인, 손해사정인 등	◦ 보험업 종사자 중 - 보험모집인 등 현장 종사자
◦ 건축설계사, 제도사	-
◦ 건물관리업 중 - 소장, 경리 등 일반 행정업무 종사자	◦ 건물관리업 중 - 경비, 청소, 시설관리 등 현장업무 종사자

Q5. 회사의 독려에도 근로자가 건강검진을 받지 않은 경우에도 과태료가 부과되는지

노동부는 〈건강진단 실시 관련 해석 지침〉을 통해 건강진단 미실시에 대한 사유에 따라 사업주 또는 근로자에게 처분이 가능하므로, 그 사유를 조사하여 처리하되, "사업주의 적극적인 노력 여부를 확인하여 처분대상을 결정"하도록 하고 있다. 즉, 사업주의 적극적인 건강진단 통보노력과 독려여부에 따라 과태료 처분대상이 달라질 수 있다.

사례 1) 근로자 홍○○에게 제1차 건강진단을 받도록 개별 안내한 사실이 없거나, 1회 개별안내 후 실시 예정일자에 미실시하였음에도 이후 다른 조치를 하지 않은 경우

→ 사업주가 근로자의 건강진단 실시를 위하여 최선을 다하였다고 보기 어려우므로 사업주를 처벌

사례 2) 근로자 홍○○에게 제1차 건강진단을 받도록 사업주가 개별안내하고, 제1차 건강진단 실시 예정일자에 실시하지 아니하여 재차 안내하였음에도 건강진단을 실시하지 아니한 경우가 확인(서류 또는 진술 등)된 경우

→ 사업주가 근로자의 건강진단 실시를 위해 적극적으로 노력하였으나, 근로자가 알고 있으면서도 미실시한 경우로 보아 근로자 홍○○를 처벌

회사가 근로자가 건강검진을 받을 수 있도록 적극적으로 안내하고 지원(ex. 4시간 유급휴가)하는 등의 노력을 하였으나, 근로자 스스로 건강검진을 받지 않은 경우라면 회사에 과태료가 부과되지는 않는다.

적극적인 안내로 인정받기 위해서는 최소한 ① 1차적으로 매년 건강검진 대상자 안내(인트라넷, 게시판 등에 팝업형태로 근로자가 업무시작 전에 볼 수밖에 없는 구조로 게시), ② 팀 또는 전체 미팅 시간에 근로자들의 건강검진 실시를 독려, ③ 하반기에 미수검자에 대해 여러 차례에 거쳐(최소2회 이상) 근로자에게 SMS 개별발송을 통해 건강검진을 받도록 지도하는 것이 필요하다.

향후 미수검자가 있어 회사가 과태료 부과대상이 된 경우 이러한 노력이 있었음을 입증하면 과태료 처분을 피할 수 있다. 다만, 수검률 자체가 너무 낮은 경우에는 회사의 노력 여부가 없었다고 판단될 수 있으므로, 검진을 받으라는 안내도 중요하지만 실질적으로 수검률을 높이는 방안(예 : 일정기간 내 건강검진 받는 시간을 유급으로 부여 등)을 마련할 필요도 있다.

2. 법정 의무교육

회사에서 반드시 실시해야 하는 법정 교육에는 ① 남녀고용평등법에 따른 직장 내 성희롱 예방 교육, ② 산업안전보건법에 따른 안전・보건교육, ③ 개인정보보호법에 따른 개인정보 보호 교육, ④ 장애인고용법에 따른 장애인 인식개선교육, ⑤ 근로자퇴직급여보장법에 따른 퇴직연금제도 교육이 있으며, 비록 법에서 의무로 규정하고 있지는 않지만 사실상 법정 의무교육으로 인식되고 있는 ⑥ 직장 내 괴롭힘 예방교육이 있다.

인사노무 담당자는 우리 회사가 법정의무교육 대상에 해당하는 사업장인지를 확인하여 2026.12.31.까지 교육을 실시하고, 교육일지 등 교육을 실시했다는 것을 입증할 수 있는 자료를 보관하여야 한다.

(1) 직장 내 성희롱 예방교육

사업주(대표)를 포함한 전체 근로자에 대해 1년에 1회 이상 직장 내 성희롱 예방교육을 실시해야 한다. 교육 내용에는 ▲직장 내 성희롱에 관한 법령, ▲해당 사업장의 직장 내 성희롱 발생 시의 처리 절차와 조치 기준, ▲해당 사업장의 직장 내 성희롱 피해 근로자의 고충상담 및 구제 절차 등을 포함해야 한다.

Q1. 10인 미만의 소규모 사업장에서도 직장 내 성희롱 예방 교육을 실시해야 하는지 여부

근로자를 한 명이라도 고용했다면 직장 내 성희롱 예방 교육을 실시해야 한다. 단, 상시 10명 미만의 근로자를 사용하는 사업장이거나, 사업주 포함 근로자 모두가 어느 한 성(性)으로 구성된 사업장은 근로자가 알 수 있도록 교육자료를 게시하거나 배포하는 방법만으로도 가능하다.

Q2. 온라인으로 직장 내 성희롱 예방 교육을 실시할 수 있는지 여부

온라인 교육도 가능하다. 다만 온라인으로 교육을 실시할 때 교육 내용이 근로자에게 제대로 전달되었는지 확인이 가능해야만, 교육을 실시한 것으로 인정된다. 이를 위해서는 ▲매년 1회 이상 전 직원에게 교육이수 시기를 지정, 이수를 의무화하고, ▲근로자의 교육이수 여부가 개인별로 체크되어 전체 이수현황을 확인할 수 있어야 한다.

최근 실무적으로는 근로자에게 일정 기간 동안 온라인으로 교육을 수강할 수 있도록 하고, 교육 이수 확인증을 발급해주는 외부기관(교육제공 사이트)을 이용하도록 하는 방법을 많이 활용한다.

Q3. 직장 내 성희롱 예방교육 자료 게시의무

성희롱 예방 교육의 내용은 근로자가 자유롭게 열람할 수 있는 장소에 항상 게시해야 한다. 근로감독 시 자료 게시 여부를 점검하므로 사내 게시판이나 내부 인트라넷에 관련 교육자료를 게시해 두는 것을 잊지 말고 챙기도록 하자.

(2) 산업안전보건교육

산업안전보건법에 따라 5인 이상 사업장은 정기적으로 안전·보건 교육을 실시해야 한다. 단, 사업의 종류, 규모(근로자 수)에 따라 유해·위험 정도가 다른 점을 고려하여 적용이 제외될 수 있다.

Q1. 산업안전보건을 실시하지 않아도 되는 사업장

산업안전보건겁 시행령에서는 업종 등에 따라 안전보건교육의 실시대상에 예외를 두고 있다. 이를 참고하여 우리 회사가 교육 대상에 포함되는지 여부를 확인할 수 있다.

참고 **안전보건교육을 실시할 의무가 없는 사업의 예**(산업안전보건법 시행령 별표 1)

① **근로자 수에 관계없이 안전보건교육 실시 의무 면제**
- 소프트웨어 개발 및 공급업, 컴퓨터 프로그래밍, 시스템 통합 및 관리업, 금융 및 보험업, 사업지원 서비스업의 경우

② **상시 50명 미만을 고용할 경우 교육 실시 의무가 면제**
- 소매업, 부동산업, 예술·스포츠 및 여가관련 사업의 경우

③ **업종에 관계없이 전체 근로자가 사무직 종사자일 경우**
- 사업장이 분리된 경우로서 사무직에 종사하는 근로자만을 사용하는 사업장을 포함함

④ **상시 5명 미만을 사용하는 사업장**

Q2. 교육 시간 및 내용

안전·보건교육을 실시할 의무가 있는 사업장에서 실시해야 하는 교육시간 및 교육 내용은 아래의 표와 같다.

교육과정	교육대상	교육시간	교육 내용
정기 교육	◦ 사무직 종사 근로자 ◦ 판매업무에 직접 종사하는 근로자	매반기 6시간 이상	◦ 사업안전 및 사고 예방에 관한 사항, 산업보건 및 직업병 예방에 관한 사항, 건강증진 및 질병 예방에 관한 사항
	◦ 판매업무에 직접 종사하는 근로자 외의 근로자	매반기 12시간 이상	
채용 시 교육	◦ 일용근로자(1주일 이하 계약직 포함)	1시간 이상	◦ 기계·기구의 위험성과 작업의 순서 및 동선에 관한 사항, 작업 개시 전 점검에 관
	◦ 근로계약 기간이 1주일 초	4시간	

11월 노무·세무

<table>
<tr><th>교육과정</th><th>교육대상</th><th>교육시간</th><th>교육 내용</th></tr>
<tr><td rowspan="2"></td><td>과 1개월 이하인 기간제 근로자</td><td>이상</td><td rowspan="4">한 사항, 정리정돈 및 청소에 관한 사항 등</td></tr>
<tr><td>◦ 그 외 근로자</td><td>8시간 이상</td></tr>
<tr><td rowspan="2">작업내용 변경 시 교육</td><td>◦ 일용근로자(1주일 이하 계약직 포함)</td><td>1시간 이상</td></tr>
<tr><td>◦ 그 외 근로자</td><td>2시간 이상</td></tr>
<tr><td rowspan="3">특별 교육</td><td>◦ 일용근로자 및 근로계약 기간이 1주일 이하인 기간제 근로자(타워크레인 신호작업 일용근로자 제외)</td><td>2시간 이상</td><td rowspan="3">작업별 위험요인과 안전작업 방법 등을 초점으로 교육</td></tr>
<tr><td>◦ 타워크레인 신호작업에 종사하는 일용근로자 및 근로계약 기간이 1주일 이하인 기간제 근로자</td><td>8시간 이상</td></tr>
<tr><td>◦ 일용근로자 및 근로계약 기간이 1주일 이하인 기간제 근로자를 제외한 근로자</td><td>16시간 이상</td></tr>
<tr><td>건설업 기초 안전·보건교육</td><td>◦ 건설 일용근로자</td><td>4시간 이상</td><td></td></tr>
</table>

Q3. 외부 기관에 교육을 위탁할 수 있는지

안전보건교육은 사업주가 자체적으로 실시하는 것이 원칙이고, 만약 직접 교육이 어려운 경우에는 고용노동부에 등록된 교육기관에 위탁하여 실시할 수 있다. 등록된 기관 현황은 고용노동부 홈페이지(http://www.moel.go.kr 〉 정보공개 〉 사전정보공표목록 〉 근로자안전보건교육 위탁기관 등록 현황)을 통해 확인할 수 있다.

자체 교육을 할 수 있는 자는 안전보건관리책임자, 관리감독자, 안전관리자, 보건관리자, 안전보건관리담당자, 산업보건의, 공단에서 실시하는 해당 분야의 강사요원 교육과정을 이수한 사람 등이 해당된다.

(3) 퇴직연금교육

근로자퇴직급여 보장법에 따라 퇴직연금에 가입한 사용자는 매년 1회 이상 퇴직연금 가입자에게 퇴직급여 종류에 관한 사항, 수급요건, 급여액 등 제도별 특징 및 차이점, 확정급여형(DB)의 경우 최근 3년간의 부담금 납입현황, 확정기여형(DC)의 경우 퇴직연금 부담금 수준 및 납입 현황 등을 교육해야 한다.

퇴직연금제도 교육은 퇴직연금 가입자에 대해서만 실시하면 되고, 퇴직연금제도 교육은 반드시 강의형태로 실시할 필요는 없다. 퇴직연금제도 일반에 관한 내용을 근로자들이 수시로 열람할 수 있도록 게시하는 방법, 서면 또는 전자우편 등을 통한 정기적인 교육자료의 발송, 직원연수·조회·회의·강의 등의 대면 교육, 정보통신망을 통한 온라인 교육, 해당 사업장 등에 상시 게시 중 선택할 수 있다.

(4) 개인정보보호교육

개인정보 보호법에서는 개인정보처리자(사용자)는 개인정보의 적정한 취급을 보장하기 위하여 개인정보취급자에게 정기적으로 필요한 교육을 실시하도록 의무화하고 있다.

전체 직원이 아닌 개인정보를 취급하는 직원에 한하여 교육을 실시하면 된다. 따라서 인사, 급여, 인트라넷 계정관리자 등 개인정보를 처리하는 업무를 수행하는 임직원에 한하여 실시해도 무방하다. 개인정보 보호 교육 미실시에 대한 과태료 등의 제재규정은 없으나 개인정보유출 등 관련 사고 발생 시 사업주 책임, 손해배상 등의 문제가 발생할 수 있으므로 교육을 실시하는 것이 타당하다.

개인정보 보호 교육 역시 자체적으로 실시할 수 있다. 또한 교육 실시 주기에 대해서는 "정기적"으로 실시하도록 규정하고만 있을 뿐 구체적인 주기는 규정하고 있지 않다. 단, 개인정보의 안전성 확보조치 기준 고시에 따르면 개인정보처리자는 내부 관리계획 수립 시 개인정보취급자에 대한 교육에 관한 사항을 포함하도록 규정하고 있는 바, 가급적 연간계획 수립 시 계속 근무자에게는 최소 연 1회 정기교육을 실시하고 담당자 변경 시점에 추가 교육을 실시할 수 있도록 개인정보 보호 교육을 포함하는 것이 타당하다.

(5) 장애인 인식개선 교육

장애인고용촉진 및 직업재활법에 따라 장애인 인식개선 교육을 연 1회 이상 실시하여야 하며, 교육대상자는 사업주를 포함한 전체 근로자이다. 장애인 인식개선 교육에 장애의 정의 및 유형, 장애인의 인권, 장애인고용촉진 및 직업재활 관련제도 등의 내용이 포함되어야 한다.

장애인 인식개선 교육은 사업주가 자체적으로 교육이 가능하나, 2021년 1월 1일부터 300인 이상 사업장의 사업주가 자체 교육을 실시하는 경우에는 자격요건(한국장애인고용공단 교육과정 수료)을 갖춘 사내 강사가 교육해야 한다. 300인 이상 사업장의 경우 전문강사 자격증 소지한 사내 강사가 없다면, 외부 교육기관 위탁을 통하여 교육해야 한다.

교육방법은 직원연수, 조회, 회의 등 집합교육, 인터넷 등 정보통신망을 이용한 원격교육, 사내 강사가 공단에 승인을 득한 강의계획을 통한 체험교육 형태로 가능하다. 다만, 상시근로자 50명 미만으로 장애인 고용의무가 없는 사업주는 교육자료 등을 배포・게시하거나 전자우편을 보낸 등의 방법으로 장애인 인식개선 교육을 실시할 수 있다.

(6) 직장 내 괴롭힘 예방교육

근로기준법 등 노동관계법령에서는 직장 내 괴롭힘 예방 교육을 의무화하고 있지는 않다. 그러나 취업규칙 필수적 기재사항으로 직장 내 괴롭힘 예방을 위한 조치를 정하도록 하고 있으며, 예방 조치로서 가장 대표적인 것이 교육에 해당하여 법정의무교육처럼 취급되고 있다.

취업규칙상 내 직장 내 괴롭힘 예방교육을 하도록 규정하고 있다면 가급적 교육을 진행하는 것이 타당하다. 직장 내 괴롭힘 예방교육 관련하여 노동관계법령상 교육 횟수, 교육 내용, 교육방법 등을 정하고 있지 않으므로 취업규칙에서 정하는 바에 따라 실시하면 된다.

(7) 법정의무교육 실무 이슈

Q1. 출장, 휴가 등으로 교육에 불참한 근로자가 있는 경우

법정의무교육은 교육시점에 재직중인 근로자를 대상으로 하므로 출장, 휴가 등으로 교육에 불참한 근로자가 있는 경우 추가로 교육을 실시하여야 한다. 교육이 사실상 불가능한 경우 최대한 교육제공 노력을 다했음을 입증할 수 있도록 온라인 교육, 교육자료 배포 및 서면교육 등의 방법을 제공하는 것이 바람직하다. 다만, 육아휴직 등 휴직자의 경우 교육실시 의무는 없으나, 휴직자가 회계연도 기준으로 1년 안에 복귀하는 경우에는 교육을 실시할 수 있도록 해야 한다.

Q2. 법정의무교육 시간이 근로시간에 해당하는지 여부

사용자의 지시를 거부할 수 없는 교육시간 역시 사용자의 지휘·감독 아래 있는 시간으로 근로시간에 해당한다. 따라서 법정의무교육 시간 역시 근로시간에 해당하며, 소정근로시간 이외의 시간에 해당 교육을 이수하게 하였다면, 연장근로 등에 해당하여 가산수당을 지급해야 한다.

Ⅱ. 세무관리 주요 업무

1. 2026년 귀속 종합소득세 중간예납 납부, 추계액 신고납부 (30일)

(1) 주요내용

종합소득이 있는 거주자는 중간예납기간[36]에 대하여 전년도의 종합소득에 대한 소득세로서 납부하였거나 납부하여야 할 세액의 1/2에 상당하는 금액을 납부하여야 할 세액으로 11월 1일부터 11월 15일까지의 기간에 고지를 받아 11월 30일까지 납부하여야 한다.

(2) 중간예납 납부대상자

원칙적으로 종합소득이 있는 거주자는 중간예납 대상자이나, 다음의 어느 하나에 해당하는 거주자는 납부대상에서 제외된다.

신규사업자	◦ 2026.1.1. 현재 비사업자로서 2026년 중에 신규로 사업을 개시한 자
휴・폐업자	◦ 단일소득 사업자로서 중간예납기간 종료일(2026.6.30) 이전 휴・폐업자[37] ◦ 중간예납기간 종료일 이후에 폐업한 자 중 수시자납 또는 수시부과 받은 자

36) 법인과 달리 모든 거주자는 과세기간을 역년 단위로 하기 때문에, 중간예납기간은 1월 1일부터 6월30일까지로 동일하다.

다음의 소득만 있는 사람	◦ 이자・배당・근로・연금 또는 기타소득만 있는 자 ◦ 사업소득 중 속기・타자 등 한국표준산업분류에 따른 사무지원 서비스업 소득만 있는 자 ◦ 사업소득 중 분리과세 주택임대 소득만 있는 자 ◦ 저술가, 화가, 배우, 가수, 영화감독, 연출가, 촬영사 등 자영 예술가와 직업선수・코치・심판 등 직업 운동가 ◦ 보험모집인, 납세조합가입자, 주택조합원 등
납세조합 가입자	◦ 납세조합이 중간예납기간 중에 해당 조합원의 소득세를 매월 원천징수하여 납부한 경우
소액부징수	◦ 중간예납세액이 50만원 미만인 자

(3) 중간예납세액의 계산

중간예납세액은 다음에 따라 계산된 중간예납기준액의 2분의 1에 해당하는 금액으로 한다.

> 중간예납기준액
> ={직전 과세기간의 중간예납세액+직전 과세기간의 확정신고납부세액+결정・경정한 추가납부세액(가산세 포함)}−직전 과세기간의 「소득세법」 제85조의3항에 따른 환급세액

다만, 중간예납기간의 종합소득금액에 대한 소득세액이 중간예납기준액의 100분의 30에 미달하는 경우에는 11월 1일부터 11월 30일까지의 기간에 다음에 따라 계산한 중간예납추계액을 중간예

37) 2 이상의 사업장이 있는 사업자는 그 중 1개의 사업장만 휴업・폐업하는 경우에는 해당되지 않음을 유의해야 한다.

산세액으로 하여 신고할 수 있으며, 중간예납기준액에 없는 거주자 중 복식부기의무자가 중간예납기간 중에 사업소득이 있는 경우에는 다음의 중간예납추계액을 중간예납세액으로 하여 신고해야 함을 유념하기 바란다.

참고 중간예납추계액

① 종합소득과세표준
=(중간예납기간의 종합소득금액×2)−이월결손금−종합소득공제

② 종합소득산출세액
=종합소득과세표준(①)×기본세율(6%~45%)

③ 중간예납추계액
=(종합소득산출세액(②)÷2)−(2026.6.30.까지의 공제・감면세액, 수시부과세액 및 원천징수세액)

(4) 세무관리 유의사항

납부할 중간예납세액이 1천만원을 초과하는 경우 분할납부[38] 가 가능하며, 중간예납기준액의 2분의 1을 중간예납세액으로 하여 고지를 받은 경우에는 분할납부 대상세액만 납부하면 나머지 납부세액은 다음연도 1월 1일부터 1월 15일까지의 기간에 자동으로 고지가 되므로 별도의 신청은 필요 없음을 유의한다.

38) ◦ 납부할 세액이 2천만원 이하인 경우 : 1천만원을 초과하는 금액
◦ 납부할 세액이 2천만원 초과인 경우 : 그 세액의 50% 이하의 금액

12월 노무 / 세무 주요 업무

◦ 연차관리 [노무]
◦ 퇴직연금 적립금 및 부담금 납부 [노무]
◦ 정년관리 [노무]

◦ 종합부동산세 정기고지 및 신고납부 [세무]
◦ 원천세 반기별 납부 신청기한 [세무]

Ⅰ. 휴가, 퇴직연금 적립금 및 부담금, 정년관리

1. 연차관리

(1) 잔여연차 정산

회계연도를 기준으로 연차유급휴가를 관리하는 사업장은 근로자가 올 한 해 동안 사용하지 못하고 남은 연차유급휴가를 정산해야 한다.

근로자가 사용하지 못한 연차휴가는 그 사용 기간이 종료된 다음 날에 수당 청구권이 발생한다. 수당 산정 방법은 취업규칙 등에 별도로 정한 바에 따르되, 특별한 규정이 없다면 연차휴가를 사용할 수 있었던 마지막 달의 통상임금을 기준으로 수당을 산정하면 된다. 수당청구권은 휴가 사용 기간이 종료된 다음 날에 발생하므로, 회계연도를 기준으로 연차휴가를 운영・관리하는 사업장이라면 매년 1월 1일에 수당을 지급해야 하나, 실무적으로는 연차휴가 사용 기간이 종료된 날 이후 첫 임금지급일에 지급하는 것도 가능하다.

근로자와 합의한다면 미사용 연차휴가에 대해 수당을 지급하는 대신 이월하여 다음연도에도 계속 사용하도록 할 수 있다. 단, 근로자가 동의하지 않는다면 이를 강제하는 것은 불가하다. 미사용 연차휴가를 이월 사용하도록 근로자와 합의하는 경우에는 추후 이월된 연차유급휴가 사용과 관련하여 당사자간 분쟁이 발생하지 않도록 ▲이월되는 연차휴가의 일수 ▲이월 사용 기간 ▲이월하였음에도 사용하지 못한 경우 정산 방법 등을 구체적으로 정하는 것이 바람직하다.

(2) 연차정산 관련 실무 이슈

Q1. 연차휴가 선사용으로 마이너스 연차가 발생한 경우 임금에서 공제할 수 있는지

회사는 근로자의 요구와 편의를 위해 연차휴가를 미리 가불형식으로 부여하는 선사용 제도를 도입·운영할 수 있다. 단, 이로 인해 오히려 마이너스 연차휴가, 즉 법적으로 발생한 연차휴가보다 사용한 연차휴가가 더 많은 경우가 생길 수 있다. 이처럼 정산 시점에 마이너스 연차휴가가 발생할 것을 예방하기 위해서는 선사용 제도 도입 시점에 초과 사용한 연차휴가에 대한 정산 방법을 함께 정하는 것이 타당하다. 단, 근로기준법 제43조는 임금의 전액 지급 원칙을 정하고 있으므로 초과 사용한 연차유급휴가에 대해 회사가 임의로 급여를 공제한다면 법 위반에 해당될 수 있다. 따라서 초과사용분에 대해 임금을 공제하고자 할 때에는 반드시 근로자의 동의를 얻어야 한다.

Q2. 연차휴가수당이 퇴직금 산정을 위한 평균임금에 포함되는지

연차휴가수당은 근로기준법상 '임금'에 해당한다. 따라서, 퇴직일 전 1년 이내에 지급된 연차수당이 있다면 평균임금 산정 시

3/12을 포함해야 한다. 이때, 미사용 연차유급휴가를 이월 사용하도록 하여 실제로 수당청구권이 발생한 해가 아닌 이월 사용기간이 종료된 시점에 수당을 지급하는 경우, 평균임금 산정방법이 문제될 수 있다. 고용노동부의 행정해석에 따르면, 연차휴가를 이월하여 사용하도록 합의한 경우에도 미사용한 연차휴가에 대한 수당은 원래 수당청구권이 발생한 날 이후 1년간 퇴직자의 평균임금 산정 시 포함되어야 한다. 예컨대, 2025년 1년간 사용하지 않은 연차휴가에 대해 2026년 1월에 수당으로 지급하는 대신 2026년 말일까지 이월하여 사용하도록 한 경우, 2026년 1월 이후 평균임금 산정 사유가 발생한 경우에는 수당으로 지급했어야 할 금액의 3/12를 포함해야 한다.

한편, 퇴직으로 인해 비로소 그 지급 사유가 발생한 미사용 연차휴가에 대한 수당은 '산정 사유 발생일 이전에 지급된 임금'에 해당하지 않으므로, 퇴직금 산정을 위한 평균임금에 포함되지 않는다.

Q3. 근로시간 단축제도를 활용한 근로자의 잔여 연차유급휴가는 어떻게 산정해야 하는지

사용자는 근로시간 단축제도 활용 근로자의 연차휴가를 시간 단위로 관리해야 한다. 예컨대, 전년도에 1일 8시간, 1주 40시간을 근무하여 총 15일의 연차휴가(120시간)가 발생한 근로자가 차년도에 육아기 근로시간 단축제도를 활용하여 1일 6시간씩 근무하고 총 15일의 연차휴가를 사용하였다면 차감되는 연차휴가 시간은 90시간이 된다. 따라서 30시간이 잔여 연차휴가가 되므로, 사용자는 취업규칙 등에 정하는 바에 따라 30시간 분의 평균임금 또는 통상임금을 지급해야 한다.

2. 퇴직연금 적립금 및 부담금 납부

(1) 확정기여형(DC형) 퇴직연금 제도

사용자는 매년 연간 임금총액의 12분의 1이상에 해당하는 부담금을 가입자의 확정기여형 퇴직연금제도 계정에 납입해야 한다.

퇴직연금 규약에 따라 정하여진 기일까지 부담금을 납입하지 않을 경우 ① 그 다음 날을 기산일로 하여 퇴직 등 급여를 지급할 사유가 발생한 날부터 14일까지는 지연이자 연 10%, ② 퇴직급여 지급 사유 발생일로부터 14일의 다음 날부터 부담금 납일일까지는 지연이자 연 20%를 부담하여야 한다.

(2) 확정급여형(DB형) 퇴직연금 제도

사용자가 매년 납입해야 하는 최소적립금은 기준책임준비금에 60% 이상으로서 근로자퇴직급여 보장법 시행령으로 정하는 최소적립비율을 곱하여 산출한 금액을 말한다. 최소 적립비율은 단계적 상향 적용되어 왔으며, 2025년 적용 최소 적립비율은 100%이다.

여기서 기준 책임준비금이란 매 사업연도말 고용노동부령으로 정하는 방법으로 산정한 금액으로서, ① '예상 퇴직급여액의 현재가치-부담금 수입 예상액의 현재가치'와 ② 연도 말까지의 퇴직급여 예상액 중 더 큰 금액을 의미한다. 기준 책임금준비금의 산출은 DB형 제도를 취급하는 퇴직연금사업자(금융사)가 퇴직연금 DB형 제도의 가입 인원, 급여 수준, 근속기간 등을 활용해서 산출한다.

2026년 최소적립금은 '기준 책임준비금×100%'이며, 2026년 12월 31일까지 최소적립금 수준을 납입해야 한다. 만약 최소적립금 대비 부족분 비율의 1/3 이상을 직전 사업연도 종료 후 1년 이내에 해소하지 않을 시 최대 1천만원 이하의 과태료가 부과될 수 있으므로 유의하여야 한다.

3. 정년관리

정년은 일정한 연령에 도달한 경우에 당해 근로자의 근로계속의 의사나 능력의 유무와 상관없이 근로관계를 소멸시키는 제도를 말한다. 현재 「고용상 연령차별금지 및 고령자고용촉진에 관한 법률」 제19조에 따라 사업주는 근로자의 정년을 60세 이상으로 정하여야 하고, 정년을 60세 미만으로 정한 경우에는 정년을 60세로 정한 것으로 보아야 한다.

취업규칙 또는 단체협약에서 당연퇴직 사유로 정년을 정함에 있어 '만 60세'가 아닌 '60세'로 정한 경우 출생연도를 기준으로 하는 나이로 적용해야하는지, 만 나이를 기준으로 적용해야 하는지 문제가 될 수 있다. 2023.6.28.부터는 민법 및 행정기본법의 개정에 따라 우리나라 나이의 기준이 '만 나이'로 통일되었기 때문에 계약서, 취업규칙, 단체협약 등에서 연령을 정한 규정은 모두 '만 나이'로 해석해야 한다. 따라서, 60세의 기준일에 대해 별다른 정함이 없다면 정년퇴직일은 근로자가 만 60세에 도달하는 날(근로자의 출생일)로 보아야 한다.

정년의 연령은 만60세로 규정하되 퇴직시점은 '만 60세에 도달하는 달의 말일', '만 60세가 도달한 달의 반기' 또는 '만 60세가 도달한 해의 말일' 등으로 근로관계가 종료되는 시점을 정하는 경우가 있다. 이 경우 생년월일을 기준으로 만 60세가 되었다 하더라도 별도 규정에 의한 퇴직일에 근로관계가 종료된다.

Q1. 정년이 지난 후에도 계속 근로를 제공하고 있었던 경우 정년을 이유로 근로관계를 종료하는 것이 가능한지

정년이 지났음에도 근로제공과 임금지급이 이어져 왔다면 이는 정년 이후 새로운 근로계약 체결을 묵시적으로 합의한 것으로 보아야 한다. 즉, 정년을 정한 기존의 근로계약은 종료되고 기간의 정함이 없는 근로계약을 체결한 것으로 보아야 한다. 따라서 사용자는 근로자와의 근로관계를 일방적으로 종료할 수 없고 근로기준법에 따른 해고의 정당성 요건을 갖추어야 한다. 실무자는 정년에 도달한 자에 대하여 사전에 정년에 해당하는 시기와 퇴직일자를 명시하여 고지하고, 정년 이후에 근로자가 근로를 제공할 경우 노무수령 거부를 통해 불필요한 분쟁을 예방할 필요가 있다.

Q2. 기간제 근로계약기간 도중 정년에 도달한 경우 정년을 이유로 근로계약을 해지할 수 있는지

기간제 근로자가 근로계약 기간 도중에 회사의 취업규칙 등에서 정하고 있는 정년에 도달한 경우, 근로관계가 정년에 따라 종료되는 것인지, 아니면 계약기간의 만료시까지 유지되는 것인지 문제될 수 있다. 만약 계약 체결 당시 당사자가 계약기간 도중에 정년이 도래함을 알고 있으면서도 계약기간을 정년 이후로 정하였거나 근로계약기간과 관계 없이 정년에 달한 경우 근로관계가 종료된다는 명시적 규정이나 관행이 없었다면 사용자는 근로계약기간 도중에 정년을 이유로 근로관계를 종료시킬 수 없다.

반대로 당사자가 근로계약 기간 도중에 정년에 도달함을 인지하지 못한 상태에서 근로계약을 체결하였고, 기간제 근로자들에게도 일반 근로자와 마찬가지로 정년에 도달할 경우 근로관계를 종료시키는 관행이 있었다면 근로계약서에 설정한 기간과 관계 없이 정년이 도달한 시점에 근로관계가 종료된 것으로 볼 수 있다. 따라서 고령자와 기간제 근로계약을 체결하는 경우에는 근로계약서 내에 근로관계의 종료사유로써 회사에서 정하는 정년에 도달한 때를 함께 규정하거나, 기간제 근로자에게 적용되는 사내 규정에 계약기간 만료 시기와 정년에 도달한 시기 중 먼저 도래한 날을 근로관계 종료일로 정함으로써 분쟁을 예방할 수 있을 것이다.

Q3. 정년퇴직자를 촉탁직으로 고용하도록 하는 규정이 있거나, 그러한 관행이 형성되어 있는 경우 촉탁직 계약 거절이 가능한지

근로자의 정년을 정한 근로계약, 취업규칙이나 단체협약 등이 법령에 위반되지 않는 한 그에 명시된 정년에 도달하여 당연퇴직하게 된 근로자와의 근로관계를 정년을 연장하는 등의 방법으로 계속 유지할 것인지 여부는 원칙적으로 사용자의 권한에 속하는 것으로서, 해당 근로자에게 정년 연장을 요구할 수 있는 권리가 있다고 할 수 없다.

그러나 근로계약, 취업규칙, 단체협약 등에서 정년에 도달한 근로자가 일정한 요건을 충족하면 기간제 근로자로 재고용하여야 한다는 취지의 규정을 두고 있거나, 그러한 규정이 없더라도 재고용을 실시하게 된 경위 및 그 실시기간, 해당 직종 또는 직무 분야에서 정년에 도달한 근로자 중 재고용된 사람의 비율, 재고용이 거절된 근로자가 있는 경우 그 사유 등의 여러 사정을 종합하여 볼 때, 사업장에 그에 준하는 정도의 재고용 관행이 확립되어 있다고 인정되는 등 근로계약 당사자 사이에 근로자가 정년에 도달하더라도 일정한 요건을 충족하면 기간제 근로자로 재고용될 수 있다는 신뢰관계가 형성되어 있는 경우에는 특별한 사정이 없는 한 근로자는 그에 따라 정년 후 재고용되리라는 기대권을 가진다.

따라서 정당한 기대권이 형성되었다고 인정될 수 있는 정년 퇴직자에 대한 촉탁직 재고용을 거절하는 것에는 합리적인 이유가 있어야 하고, 합리적인 이유가 없음에도 촉탁직 계약을 체결하지 않는 것은 부당해고로 판단될 수 있음에 유의해야 한다. 반대로 취업 규칙 등에 "회사가 필요하다고 인정할 때에 촉탁직으로 재고용할 수 있다."는 등으로 사용자의 재량에 따라 정할 수 있도록 규정한 경우에는 모든 근로자가 촉탁직 재고용에 대한 기대권을 갖는 것은 아니므로, 부당해고의 분쟁을 예방할 수 있을 것이다.

Q4. 촉탁직 근로자에게도 갱신기대권이 인정되는지

기간을 정하여 근로계약을 체결한 근로자의 경우, 그 기간이 만료됨으로써 근로자로서의 신분관계는 당연히 종료되고, 근로계약을 갱신하지 못하면 갱신거절의 의사표시가 없어도 그 근로자는 당연 퇴직되는 것이 원칙이다. 그러나 근로계약 당사자 사이에 일정한 요건이 충족되면 근로계약이 갱신된다는 신뢰관계가 형성되어 있어 근로자에게 그에 따라 근로계약이 갱신될 수 있으리라는 정당한 기대권이 인정되는 경우에는, 사용자가 이에 위반하여 부당하게 근로계약의 갱신을 거절하는 것은 부당해고와 마찬가지로 아무런 효력이 없고, 이 경우 기간만료 후의 근로관계는 종전의 근로계약이 갱신된 것과 동일하다고 할 수 있다.

정년이 지난 이후 촉탁직으로 재고용된 경우에도 기간제 근로계약이라는 점에서 갱신기대권이 인정될 수 있다. 다만, 판례는 정년을 이미 경과한 상태에서 기간제 근로계약을 체결한 경우에는, 일반적 갱신기대권 형성의 기준 이외에 해당 직무의 성격에 의하여 요구되는 직무수행 능력과 당해 근로자의 업무수행 적격성, 연령에 따른 작업능률 저하나 위험성 증대의 정도, 해당 사업장에서 정년을 경과한 고령자가 근무하는 실태 및 계약이 갱신되어 온 사례 등을 종합적으로 고려하여 근로계약 갱신에 관한 정당한 기대권이 인정되는지 여부를 판단하여야 한다고 보고 있다.

정년 도과자를 촉탁직으로 재고용한 경우 갱신기대권이 인정되는지 여부는 직무의 성격과 연령의 관계 등이 영향을 줄 수 있겠지만, 사용자가 이를 입증하는 것이 어려울 수 있다는 점에서 갱신거절에 대한 합리적 이유(평가항목, 평가절차, 평가결과의 피드백 등)를 체계적으로 마련할 필요가 있다.

Ⅱ. 세무관리 주요 업무

1. 종합부동산세 정기고지 및 신고납부(15일)

(1) 주요내용

종합부동산세는 과세기준일 현재 「지방세법」상 재산세 과세대상 재산(토지, 건축물, 주택, 선박, 항공기) 중 주택과 토지(종합합산과세대상 토지와 별도합산과세대상 토지를 말한다)를 소유한 개인에게 부과·징수하는 세금으로서 해당연도 12월 1일부터 12월 15일까지 관할세무서장에게 납부하여야 한다.

참고 종합부동산세액 계산 구조

구분	과세유형		
	주택(부수토지 포함)	종합합산과세토지	별도합산과세토지
공시가격	Σ주택 공시가격	Σ종합합산토지 공시가격	Σ별도합산토지 공시가격
(-)공제금액	9억원 (1세대1주택자12억[39])	5억원	80억원
(×)공정시장 가액비율	주택분 60%, 토지분 100%		
과세표준	주택분 과세표준	종합합산토지 과세표준	별도합산토지 과세표준
(×)세율	① 2주택 이하[40] : 0.5%~2.7% ② 3주택 이상 : 0.5%~5.0%	① 15억 이하 : 1% ② 45억 이하 : 2% ③ 45억 초과 : 3%	① 200억 이하 : 0.5% ② 400억 이하 : 0.6% ③ 400억 초과 : 0.7%

<table>
<tr><th rowspan="2">구분</th><th colspan="3">과세유형</th></tr>
<tr><th>주택(부수토지 포함)</th><th>종합합산과세토지</th><th>별도합산과세토지</th></tr>
<tr><td>(-)재산세 상당액</td><td colspan="3">재산세로 부과된 세액 중
종합부동산세 과세표준금액에 부과된 재산세 상당액</td></tr>
<tr><td>산출세액</td><td>주택분
산출세액</td><td>종합합산토지
산출세액</td><td>별도합산토지
산출세액</td></tr>
<tr><td>(-)1세대 1주택자 세액공제</td><td>① 연령별 공제 :
20%~40%
② 보유기간공제 :
20%~50%</td><td>-</td><td>-</td></tr>
<tr><td>(-)세부담 상한액 초과액</td><td colspan="3">직전연도 총세액상당액(재산세+종합부동산세)
×세부담상한율 150% 초과액</td></tr>
<tr><td>납부할 세액</td><td>주택분
납부세액</td><td>종합합산토지
납부세액</td><td>별도합산토지
납부세액</td></tr>
</table>

다만, 주택에 대해서 단일세율(2주택 이하 2.7%, 3주택 이상 5.0%)을 적용받는 법인의 경우, 공제금액을 차감하지 않으며 세부담 상한을 적용하지 않음에 유의한다.

(2) 세무관리 유의사항

부과·징수 방식에 불구하고 12월 1일부터 12월 15일까지 관

39) 1세대1주택자란 세대원 중 1명만 주택을 소유한 경우를 뜻하므로, 공동명의 1주택자일 경우에는 각각 9억원을 적용함에 유의한다.

40) 조정대상지역 2주택을 포함한다.

할세무서장에게 직접 신고·납부할 수 있으며, 이때에는 부과·징수는 없었던 것으로 한다.

납부하여야 할 세액이 250만원을 초과하는 경우에는 납부기한이 지난 날부터 6개월 이내에 분납할 수 있으며, 납부할 세액의 범위에 따라 다음에 의한다.

① 납부할 세액이 500만원 이하인 경우 : 250만원 초과분
② 납부할 세액이 500만원 초과인 경우 : 납부할 세액의 50% 이하

분납하고자 하는 경우에는 12월 1일부터 12월 15일까지 분납신청서를 작성하여 관할 세무서에 제출해야만 분납이 가능함에 유의하기 바란다.

그리고 기존에는 직접 신고·납부한 경우에만 경정청구가 가능하였으나, 2023년 1월 1일 이후 경정청구 분부터는 부과·징수로 납부한 경우에도 가능하도록 개정되었기 때문에 과거 5년 동안 과다하게 납부한 종합부동산세가 있었다면 경정청구 제도를 통해 환급을 받을 수 있음을 참고하기 바란다.

2. 원천세 반기별 납부 신청기한(31일)

직전연도(신규사업자의 경우 신청일이 속하는 반기를 말한다.)의 상시고용인원이 20명 이하인 원천징수의무자는 반기별로 납부하고자 하는 반기의 직전월의 1일부터 말일까지 원천징수 관할세무서장에게 신청할 수 있으며, 관할세무서장은 다음 달 말일까지 승인 여부를 결정하여 통지하여야 한다. 이 경우 기한 내에 승인 여부를 통지받지 못한 경우에는 승인 받은 것으로 간주한다.